Frede/Altenidiker ● EINFÜHRUNG IN DAS PROJEKTIONSZEICHNEN

LUDGER FREDE · FRIEDRICH ALTENIDIKER

Einführung in das Projektionszeichnen

(Darstellende Geometrie)

10. Auflage

Cornelsen

1. Auflage 1950
2. Auflage 1954
3. Auflage 1958
4. Auflage 1961
5. Auflage 1965
6. Auflage 1970
7. Auflage 1973
8. Auflage 1975
9. Auflage 1980
10. Auflage 1982

Für den Gebrauch an Schulen
© 1993 Cornelsen Verlag, Berlin
(erschienen 1982 im W. Giradet Buchverlag, Essen,
unter ISBN 3-7736-2077-2)
Alle Rechte vorbehalten.
Bestellnummer 820772
10. Auflage
Druck 8 7 6 5 / 96 95 94 93
Alle Drucke derselben Auflage sind im Unterricht parallel verwendbar.

Druck: Cornelsen Druck, Berlin
Bindearbeiten: Fritzsche-Ludwig, Berlin

ISBN 3-590-82077-2

INHALTSVERZEICHNIS

Einführung 6

1. Grundlagen
1.1 Die rechtwinklige Parallelprojektion 7
1.2 Einfache Durchdringungen 11
    Durchdringungen von Geraden und Flächen 11
    Durchdringungen von Geraden und Körpern 13
    Durchdringungen von Flächen 16
    Durchdringungen von Flächen und Körpern 19
1.3 Regelmäßige Vielecke 21

2. Schnittkurven und Abwicklungen
2.1 Schnitte an Körpern 22
2.2 Einfache Schnittkurven und Abwicklungen 24
    Parallel zur Drehachse geschnittener Zylinder (1. Grundaufgabe) 24
    Schräg zur Längsachse geschnittenes Prisma (2. Grundaufgabe) 27
    Schräg zur Drehachse geschnittener Zylinder (3. Grundaufgabe) 30
    Schräg und senkrecht zur Längsachse geschnittene Pyramide (4. Grundaufgabe) 33
2.3 Kegelschnitte und Abwicklungen geschnittener Kegel 37
    Schräg zur Drehachse geschnittener Kegel. Ellipsenschnitt (5. Grundaufgabe) 38
    Weitere Kegelschnitte (Parabel, Hyperbel, Dreieck) 41
2.4 Die schräg geschnittene Kugel 44

3. Durchdringungen von Körpern
3.1 Die Konstruktion von Durchdringungskurven 46
3.2 Einfache Durchdringungen von Körpern 47
    Durchdringung zweier Zylinder. Die Achsen schneiden sich rechtwinklig (6. Grundaufgabe) 47
    Durchdringung zweier Zylinder. Die Achsen kreuzen sich rechtwinklig (7. Grundaufgabe) 51
    Durchdringung Kegel — Zylinder. Die Achsen schneiden sich rechtwinklig (8. Grundaufgabe) 55
    Durchdringung Kegel — Zylinder. Die Achsen kreuzen sich rechtwinklig (9. Grundaufgabe) 59
    Durchdringung zylindrischer Ring — Zylinder. Die Achse des Zylinders berührt die neutrale Faser des zylindrischen Ringes (10. Grundaufgabe) 63
    Durchdringung Kugel — Zylinder. Die Drehachse des Zylinders geht nicht durch den Kugelmittelpunkt (11. Grundaufgabe) 65
    Durchdringung Kugel — Kegel. Die Achse des Kegels geht nicht durch den Kugelmittelpunkt (12. Grundaufgabe) 67
    Durchdringung Kegel — Pyramide. Die Achsen laufen parallel (13. Grundaufgabe) 69
    Durchdringung zweier Kegel. Die Achsen schneiden sich rechtwinklig (14. Grundaufgabe) 71
3.3 Schiefwinklige Durchdringungen 73
    Durchdringung Kegel — Zylinder. Die Achsen schneiden sich schiefwinklig (15. Grundaufgabe) 73
    Weitere schiefwinklige Durchdringungen 74
3.4 Die Konstruktion von Durchdringungskurven nach dem Kugelkreisverfahren 80

4. Anhang
4.1 Schraubenlinie, Schraubenfläche, Schraubengang 87
4.2 Kegelschnitte 91
4.3 Die schiefe Parallelprojektion 94

EINFÜHRUNG

Kenntnisse im Projektionszeichnen, im engeren Sinne in der Konstruktion von *Schnittkurven*, *Durchdringungskurven* und *Abwicklungen*, werden heute mehr oder weniger bereits in Facharbeiterprüfungen und in Meisterprüfungen für Handwerk und Industrie verlangt. Diese Forderung ist berechtigt, denn in technischen Zeichnungen begegnet man derartigen Kurven immer wieder. Um sie *deuten* und in Skizzen angenähert richtig eintragen zu können, ist es notwendig, daß man ihr Zustandekommen kennt. Darüber hinaus ist das Projektionszeichnen ein hervorragendes Mittel zur Schulung des räumlichen Denkens, so daß es schon aus diesem Grunde in einer gehobenen Facharbeiterausbildung Berücksichtigung finden sollte.

In dem vorliegenden Lehrgang sind die an technischen Werkstücken häufiger auftretenden Schnitt- und Durchdringungskurven in einer Reihe von *Grundaufgaben* zusammengefaßt, die untereinander nach Schwierigkeitsstufen geordnet sind. Bei jeder Grundaufgabe wird, ausgehend von der räumlichen Darstellung und unter Vermeidung weitschweifigen Textes, die Entstehung der Kurve an Hand von Teilzeichnungen *stufenweise* entwickelt. Diese Art der Darstellung dürfte das Verständnis für die Konstruktion wesentlich erleichtern. Da man Projektionszeichnen ferner nur durch *Übung* erlernt, sind jeder Grundaufgabe weitere Beispiele und Übungsaufgaben beigefügt, bei denen durch die Eintragung der Schnittebene der Gang der Lösung angedeutet ist.

Körperschnitte und Durchdringungen zeichnet man zweckmäßig auf ein Zeichenblatt im Format DIN A 4. Da die Aufgabenvorlage das Format DIN A 6 besitzt, in der Länge und Breite also halb so groß ist wie das Zeichenblatt, ist es für die Übertragung der Aufgabe lediglich notwendig, alle Abmessungen der Aufgabenvorlage auf dem Zeichenblatt zu verdoppeln. Die Abwicklung wird dann gegebenenfalls auf ein zweites Blatt DIN A 4 gezeichnet. Bei Verwendung eines Zeichenblattes im Format DIN A 3 kann die Übertragung der Aufgabe in gleicher Weise nach Seite 28, 31, 34 usw. geschehen. Da das Aufzeichnen der Aufgabe und die Aufteilung des Zeichenblattes dem Anfänger erfahrungsgemäß Schwierigkeiten bereiten, wird diese einfache Hilfe sicherlich begrüßt werden. In den Aufgaben sind die Maße so gewählt, daß deutliche Kurven entstehen. Da schon geringe Abweichungen den Kurvenverlauf unter Umständen erheblich verändern, muß die Aufgabe genau übertragen werden.

Das Buch ist für den Zeichenunterricht in gewerblichen Klassen der Berufsschule, der Berufsgrundschule, der Berufsfachschule, der Fachoberschule und auch für den berufsvorbereitenden Unterricht in der Hauptschule ein geeignetes Mittel, das Verständnis für das technische Zeichnen zu erleichtern und gewonnene Kenntnisse zu vertiefen. Auch für den Selbstunterricht dürfte es geeignet sein.

Das Ergebnisheft zu diesem Buch gibt dem Lernenden die Möglichkeit, seine Lösungen selbst zu überprüfen.

1. Grundlagen
1.1 Die rechtwinklige Parallelprojektion

1. Unter Projektion versteht man ganz allgemein die Darstellung eines Gegenstandes auf einer Ebene, der sogenannten Projektionsebene. Das Wort Projektion kommt von dem lateinischen Wort projectio = Entwurf.

2. Im technischen Zeichnen bedient man sich der rechtwinkligen Parallelprojektion. Bei diesem Verfahren sind in der Regel drei Projektionsebenen erforderlich. Die Ebenen sind rechtwinklig zueinander angeordnet und bilden miteinander eine nach vorn hin offene Raumecke (Bild 1a). Man unterscheidet die 1., 2. und 3. Projektionsebene (Bild 1a und b).

3. Bei der rechtwinkligen Parallelprojektion verlaufen zusammengehörige Projektionslinien parallel und stehen senkrecht auf den Projektionsebenen (Bild 1a).

4. Zur eindeutigen Wiedergabe eines Gegenstandes sind in der Regel drei Projektionen oder Ansichten erforderlich. Die 1. Projektion oder Draufsicht zeigt auf der 1. Projektionsebene die Ansicht des Gegenstandes von oben, die 2. Projektion oder Haupt- oder Vorderansicht zeigt auf der 2. Projektionsebene die Ansicht des Gegenstandes von vorn, die 3. Projektion oder Seitenansicht zeigt auf der 3. Projektionsebene die Ansicht des Gegenstandes von der linken Seite (Bild 1a).

5. Dreht man die 1. Projektionsebene um 90° nach hinten und die 3. Projektionsebene um 90° nach rechts, so liegen die drei Projektionsebenen in der waagerechten Zeichenfläche. Die Vorderansicht liegt dann senkrecht über der Draufsicht und waagerecht neben der Seitenansicht (Bild 1b).

6. Jeder Körper wird von Flächen, jede Fläche von Strecken und jede Strecke von Punkten begrenzt. Die Projektion eines Körpers läßt sich daher auf die Projektion des Punktes zurückführen. Die Projektion eines Punktes erhält man, indem man von ihm das Lot auf die Projektionsebene fällt. Der Fußpunkt des Lotes ist die Projektion des Punktes.

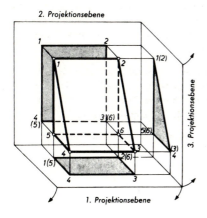
Bild 1a. Darstellung in der Raumecke

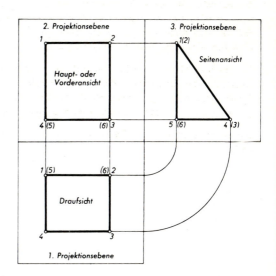
Bild 1b. Darstellung in der Ebene

Die Eckpunkte des Körpers sind mit Zahlen bezeichnet. Ist eine Zahl in Klammern gesetzt, so bedeutet dies, daß dieser Punkt hinter einem anderen Punkt liegt.

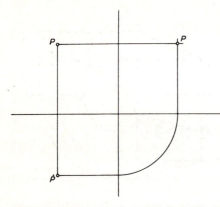

7. Der Punkt P ist in der 1. und 2. Projektionsebene bestimmt. In der 3. Projektionsebene ist Punkt P der Schnittpunkt der beiden Projektionslinien.

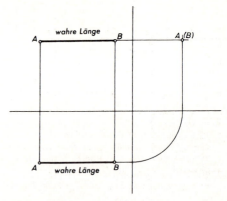

8. Die Strecke AB liegt parallel zur 1. und 2. und senkrecht zur 3. Projektionsebene. Die Strecke erscheint in der Vorderansicht und in der Draufsicht in ihrer wahren Länge und in der Seitenansicht als Punkt.

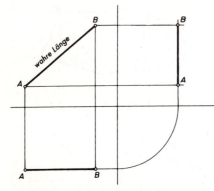

9. Die Strecke AB liegt parallel zur 2. und schräg zur 1. und 3. Projektionsebene. Die Strecke erscheint in der Vorderansicht in ihrer wahren Länge und in der Draufsicht und Seitenansicht verkürzt.

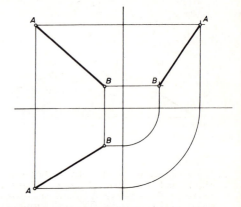

10. Die Strecke AB liegt schräg zur 1., 2. und 3. Projektionsebene und erscheint daher in allen drei Ansichten verkürzt.

11. Die wahre Länge einer in drei Ansichten verkürzt erscheinenden Strecke AB wird wie folgt konstruiert:
    a) In der Draufsicht um Punkt B mit Radius AB Punkt A in die Waagerechte schwenken, Schnittpunkt A′.
    b) Punkt A′ in die Vorderansicht loten.
    c) Punkte A′ und B in der Vorderansicht verbinden. A′ B ist die wahre Länge der Strecke A B.

    Die wahre Länge der Strecke AB kann in jeder Ansicht konstruiert werden.

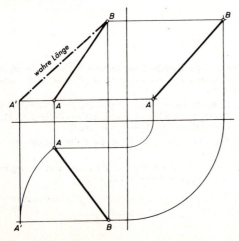

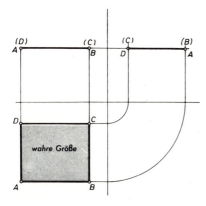

12. Die Fläche ABCD liegt parallel zur 1. und senkrecht zur 2. und 3. Projektionsebene. Die Fläche erscheint in der Draufsicht in ihrer wahren Größe.

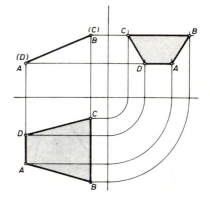

13. Die Fläche ABCD liegt senkrecht zur 2. und schräg zur 1. und 3. Projektionsebene. Die Fläche erscheint in der Draufsicht und Seitenansicht verkürzt.

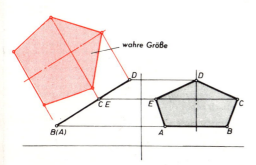

14. Die wahre Größe der verkürzt erscheinenden Fläche läßt sich leicht in einer Hilfsebene zeichnen; die wahren Längen erscheinen in der Vorderansicht, die wahren Breiten in der Seitenansicht.

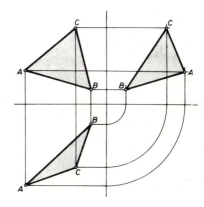

15. Die dreieckige Fläche erscheint in allen drei Ansichten verkürzt.

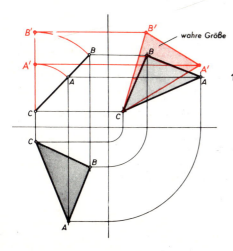

16. Die wahre Größe einer in zwei Ansichten verkürzt erscheinenden Dreiecksfläche wird wie folgt konstruiert:
    a) In der Vorderansicht um Punkt C die Punkte A und B mit den Radien AC und BC in die Senkrechte schwenken; Schnittpunkte A′ und B′.
    b) Die Punkte A′ und B′ in die Seitenansicht projizieren.
    c) Die Verbindung der Punkte C, A′ und B′ ergibt die wahre Größe des Dreiecks.

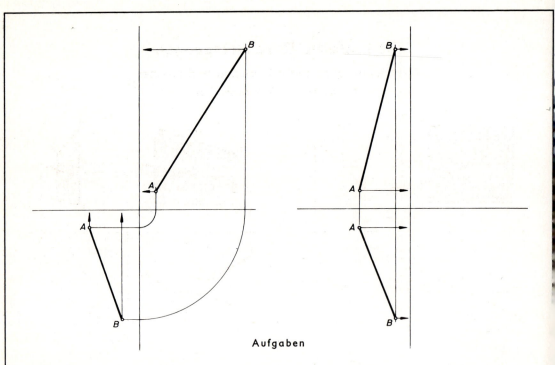

Aufgaben

Übertrage die Vorlage, zeichne die jeweils fehlende Ansicht und konstruiere in dieser Ansicht die wahre Länge der Strecke AB! (Das Ergebnis muß in beiden Fällen gleich sein.)

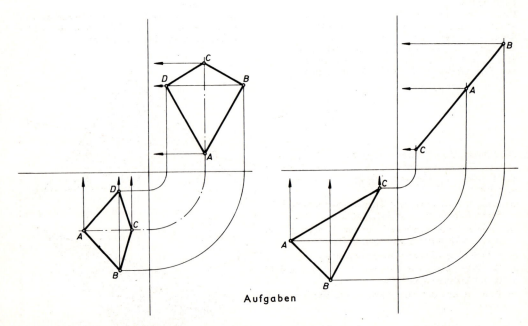

Aufgaben

Übertrage die Vorlage, ergänze die Vorderansicht und konstruiere die wahre Größe der Fläche!
Die Fläche steht senkrecht zur Vorderansichtsebene.

Übertrage die Vorlage, ergänze die fehlende Ansicht und konstruiere die wahre Größe des Dreiecks!

1.2 Einfache Durchdringungen
Durchdringungen von Geraden und Flächen
Konstruktion des Durchstoßpunktes

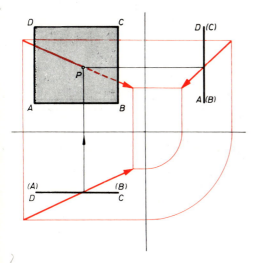

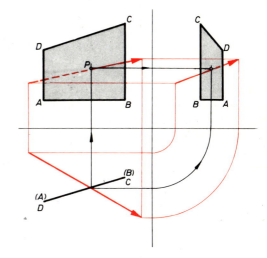

1. Die Fläche ABCD liegt parallel zur 2. und senkrecht zur 1. und 3. Projektionsebene. Die Fläche wird von einer schrägen Geraden durchstoßen.
   Man findet den Durchstoßpunkt P in der Vorderansicht, indem man den Schnittpunkt der Geraden mit der Projektion der Fläche aus der Draufsicht in die Vorderansicht lotet. Der Schnittpunkt dieser Lotlinie mit der Geraden ist der Durchstoßpunkt P in der Vorderansicht.

2. Die Fläche ABCD liegt senkrecht zur 1. und schräg zur 2. und 3. Projektionsebene. Die Fläche wird von einer schrägen Geraden durchstoßen.
   Der Durchstoßpunkt P in der Vorderansicht wird wie vor ermittelt. Es ist dann leicht, ihn in die Seitenansicht zu projizieren.

3. Die Fläche ABC liegt schräg zu allen drei Projektionsebenen. Die Fläche wird von einer schrägen Geraden durchstoßen. Der Durchstoßpunkt P wird wie folgt ermittelt:
   a) Punkt E in der Strecke AC aus der Vorderansicht in die Draufsicht loten, Schnittpunkt E'.
   b) Punkt F in der Strecke BC aus der Vorderansicht in die Draufsicht loten, Schnittpunkt F'.
   c) Punkte E' und F' miteinander verbinden.
   d) Der Schnittpunkt der Geraden mit der Strecke E' F' ist der Durchstoßpunkt P.
   e) Punkt P aus der Draufsicht in die Vorderansicht loten.

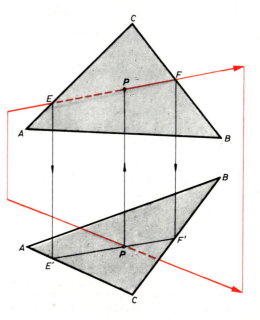

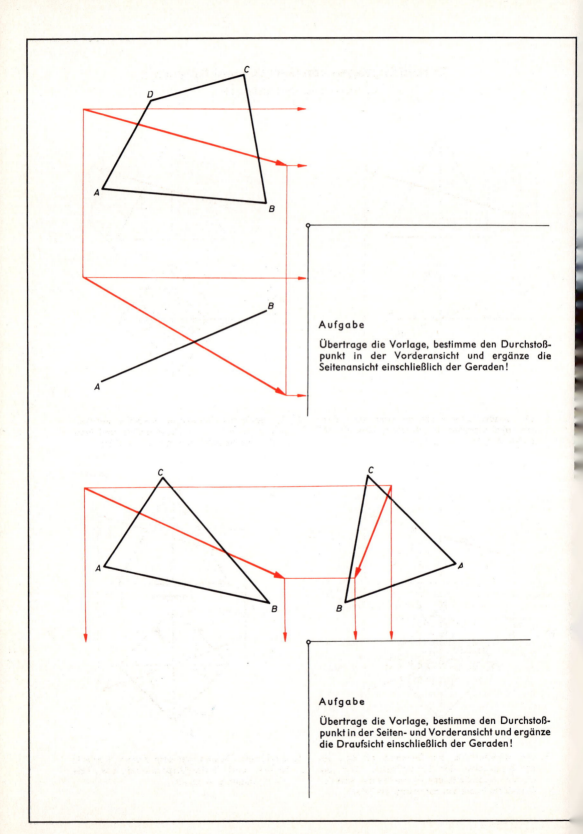

Durchdringungen von Geraden und Körpern
Konstruktion der Durchstoßpunkte

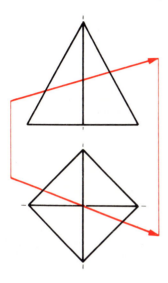

1. Die quadratische Pyramide wird von einer schrägen Geraden durchstoßen. Die Durchstoßpunkte sind zu ermitteln.

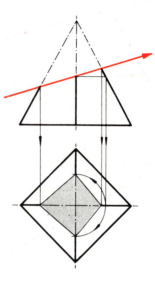

2. Man denkt sich den Körper längs der Geraden in der Vorderansicht abgeschnitten und konstruiert die Schnittfläche in der Draufsicht.

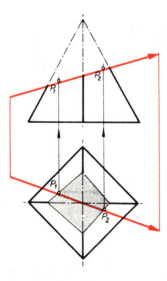

3. Die Schnittpunkte der Geraden mit den Begrenzungslinien der Schnittflächen sind die Durchstoßpunkte P_1 und P_2. Sie werden von der Draufsicht in die Vorderansicht projiziert.

4. Soweit die Gerade von dem Körper verdeckt ist und innerhalb des Körpers verläuft, wird sie als Strichlinie gezeichnet.

Durchdringung Gerade — trapezförmiges Prisma

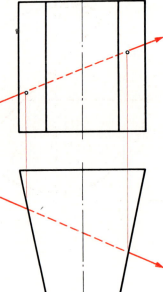

Durchdringung Gerade — Zylinder

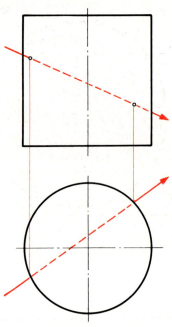

Beispiel

Bei prismatischen und zylindrischen Körpern fällt die Projektion der Schnittfläche mit der Grundfläche zusammen.

Durchdringung Gerade — sechseckiges Prisma

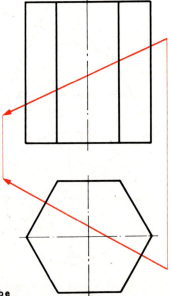

Durchdringung Gerade — schräges dreieckiges Prisma

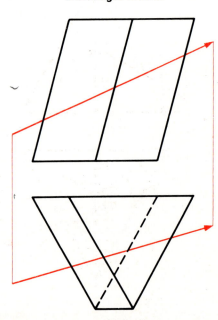

Aufgabe

Übertrage die Vorlage und bestimme jeweils die Durchstoßpunkte der Geraden in den beiden prismatischen Körpern!

Durchdringung Gerade — Kugel

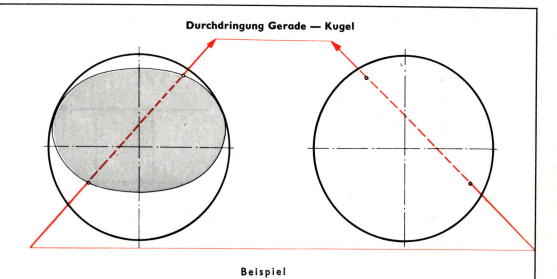

Beispiel

Durchdringung Gerade — dreieckige Pyramide

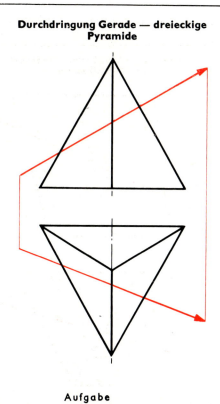

Durchdringung Gerade — Kegel

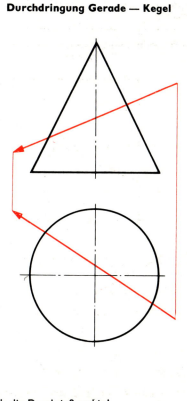

Aufgabe

Übertrage die Vorlage und bestimme jeweils die Durchstoßpunkte!

Durchdringungen von Flächen
Konstruktion der Durchstoßkante

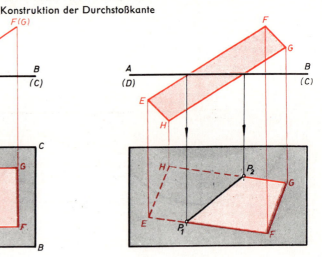

1. Die Fläche ABCD liegt parallel zur 1. und senkrecht zur 2. Projektionsebene; die Fläche EFGH liegt schräg zur 1. und senkrecht zur 2. Projektionsebene.
Man fällt vom Schnittpunkt der beiden Flächenkanten in der Vorderansicht das Lot. Wo die Lotlinie die Flächenkanten GH und EF schneidet, sind die Durchstoßpunkte P_1 und P_2. Die Verbindungslinie von P_1 mit P_2 ist die Durchstoßkante der beiden Flächen.

2. Die Fläche ABCD liegt parallel zur 1. und senkrecht zur 2. Projektionsebene; die Fläche EFGH liegt schräg zur 1. und 2. Projektionsebene.
Die Schnittpunkte der Flächenkante AB mit EF und GH werden in die Draufsicht gelotet. Die Schnittpunkte dieser Lotlinien mit den entsprechenden Flächenkanten EF bzw. GH sind die Durchstoßpunkte P_1 und P_2. Ihre Verbindung ist die Durchstoßkante der beiden Flächen.

3. Die Flächen ABC und DFE liegen schräg zur 1. und 2. Projektionsebene. Die Durchstoßkante wird wie folgt ermittelt:
   a) Punkte M und N in der Linie AC aus der Hauptansicht in die Draufsicht loten; Schnittpunkte M' und N'.
   b) In gleicher Weise mit den Punkten R und S verfahren; Schnittpunkte R' und S'.
   c) Die Punkte M' und S' sowie N' und R' miteinander verbinden.
   d) Der Schnittpunkt von EF mit N'R' ist der Durchstoßpunkt P_1 der Flächenkante EF, der Schnittpunkt von DE mit M'S' ist der Durchstoßpunkt P_2 der Flächenkante DE.
   e) Durchstoßpunkte P_1 und P_2 in die Vorderansicht projizieren.
   f) Die Verbindung der Punkte P_1 und P_2 ergibt in der Vorderansicht und Draufsicht die Durchstoßkante der beiden Flächen.

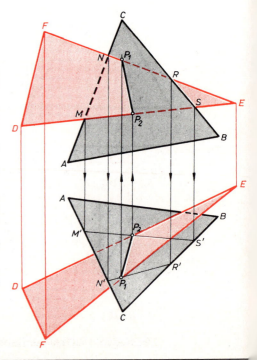

Durchdringung zweier Vierecke

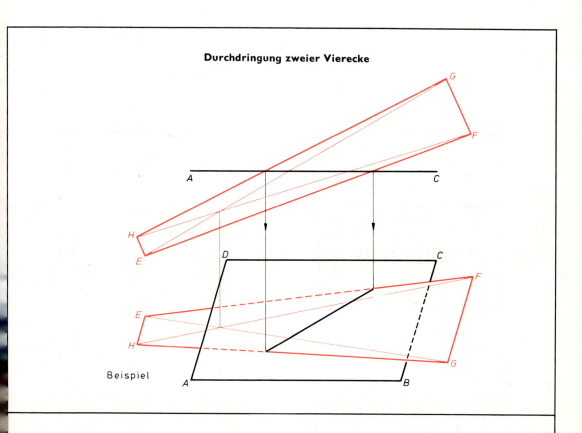

Beispiel

Durchdringung zweier Vierecke

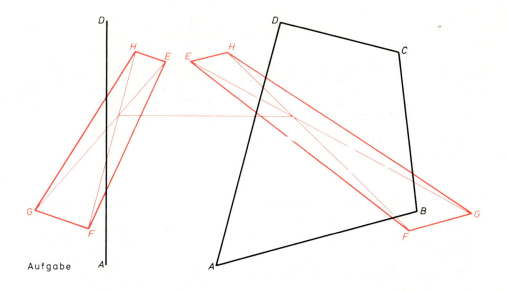

Aufgabe

Übertrage die Vorlage und ermittle die Durchstoßkante der beiden Flächen!

Durchdringung zweier Dreiecke

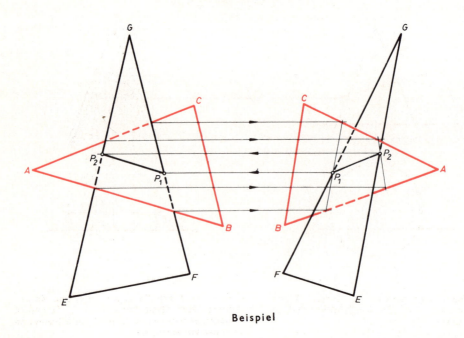

Beispiel

Durchdringung zweier Vierecke

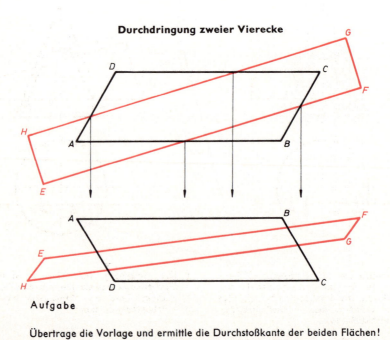

Aufgabe

Übertrage die Vorlage und ermittle die Durchstoßkante der beiden Flächen!

Durchdringungen von Flächen und Körpern
Konstruktion der Durchstoßkanten

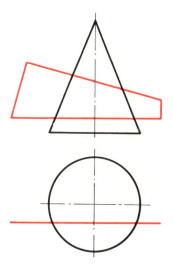

1. Der Kegel wird von einer keilförmigen Fläche durchstoßen. Die Durchstoßkanten sind zu bestimmen.

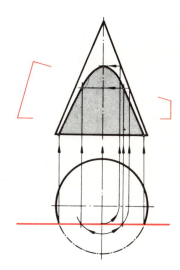

2. Man denkt sich (in diesem Fall) den Körper längs der Flächenkante in der Draufsicht abgeschnitten und konstruiert die Schnittfläche in der Vorderansicht.

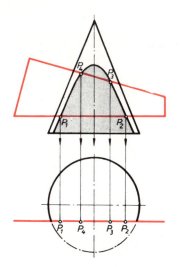

3. Die Schnittpunkte der durchstoßenden Flächenkanten mit der Schnittkurve ergeben in der Hauptansicht die Durchstoßpunkte $P_1 \ldots P_4$. Die Kurventeile zwischen den Durchstoßpunkten sind die Durchstoßkanten.

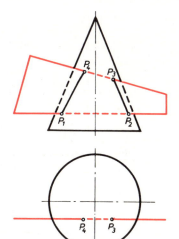

4. Die innerhalb des Körpers verlaufenden Flächenkanten sowie die von der Fläche verdeckten Teile der Kegelseiten werden als Strichlinien gezeichnet.

Durchdringung Zylinder — Viereck

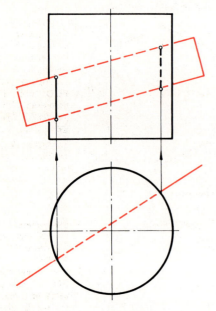

Durchdringung sechseckiges Prisma — Viereck

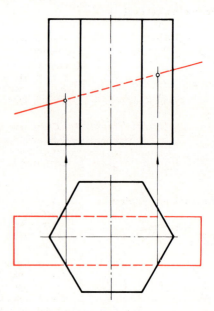

Beispiel

Durchdringung quadratische Pyramide — Viereck

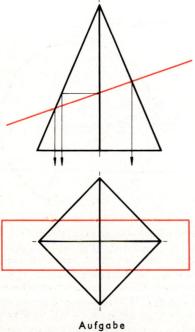

Durchdringung dreieckige Pyramide — Viereck

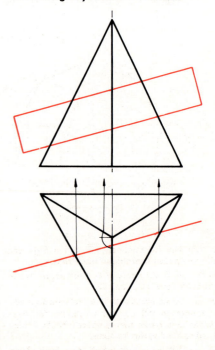

Aufgabe

Übertrage die Vorlage und bestimme jeweils die Durchstoßkanten!

1.3 Regelmäßige Vielecke

Gegeben ist in jedem Fall der Umkreis.

Sechseck und Dreieck

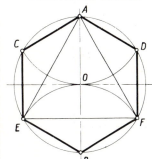

1. Durchmesser AB zeichnen.
2. Um A und B mit Radius AO Kreisbogen zeichnen; Schnittpunkte C, D und E, F.
3. $\overline{AC}$ ist die Seite des Sechsecks, $\overline{AE}$ die Seite des Dreiecks.

Achteck und Viereck

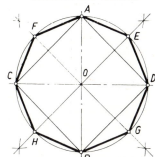

1. Durchmesser AB u. senkrecht dazu Durchmesser CD zeichnen.
2. Winkel AOC, AOD, BOD und BOC halbieren; Schnittpunkte E, F, G u. H.
3. $\overline{AE}$ ist die Seite des Achtecks, $\overline{AC}$ die Seite des Vierecks.

Zehneck und Fünfeck

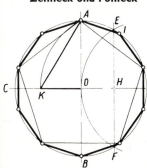

1. Durchmesser AB u. senkrecht dazu Durchmesser CD zeichnen.
2. $\overline{DO}$ halbieren; Schnittpunkt H.
3. Um H mit Radius AH Kreisbogen zeichnen; Schnittpunkt K.
4. $\overline{KO}$ ist die Seite des Zehnecks, $\overline{AK}$ die Seite des Fünfecks.

Siebeneck

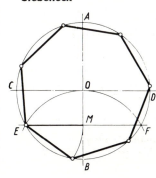

1. Durchmesser AB u. senkrecht dazu Durchmesser DC zeichnen.
2. Um B mit Radius BO Kreisbogen zeichnen; Schnittpunkte E und F.
3. E und F verbinden; Schnittpunkt M.
4. $\overline{EM}$ ist die Seite des Siebenecks.

Regelmäßiges Vieleck mit beliebiger Eckenzahl (n-Eck)

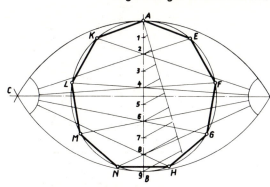

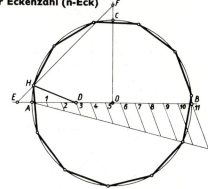

1. Konstruktion (n = 9)

1. Durchmesser AB zeichnen; $\overline{AB}$ in n = 9 gleiche Teile teilen und fortlaufend numerieren.
2. Um A und B mit Radius AB Kreisbogen zeichnen; Schnittpunkte C und D.
3. Von C und D aus durch die geradzahligen Teilpunkte auf $\overline{AB}$ Strahlen zeichnen. Wo diese Strahlen den Kreis zum zweiten Male schneiden, sind Punkte des Vielecks.
4. Der Punkt A ist in jedem Fall, der Punkt B bei geradzahliger Eckenzahl ein Punkt des Vielecks.

2. Konstruktion (n = 11)

1. Durchmesser AB und senkrecht dazu Radius CO zeichnen.
2. $\overline{AB}$ in n = 11 gleiche Teile teilen und fortlaufend numerieren; den 3. Teilpunkt von A aus mit D bezeichnen.
3. $\overline{AO}$ über A hinaus und $\overline{CO}$ über C hinaus um je einen Teil des Durchmessers AB verlängern; Schnittpunkte E und F.
4. E und F verbinden; $\overline{EF}$ schneidet den Kreis zweimal. Den A am nächsten liegenden Schnittpunkt H mit D verbinden.
5. $\overline{DH}$ ist die Seite des n-Ecks, in diesem Falle also des Elfecks.

2. Schnittkurven und Abwicklungen

2.1 Schnitte an Körpern

1. Wird ein Grundkörper geschnitten, so entsteht eine Schnittfläche, deren Umrißlinie auch Schnittkurve genannt wird (Bild 1).

2. Bei eckigen Körpern und ebenen Schnittflächen verlaufen diese Umrißlinien geradlinig, bei runden Körpern dagegen in der Regel krummlinig.

3. Jede Schnittkurve wird punktweise konstruiert. Die Verbindung der Kurvenpunkte mit dem Kurvenlineal ergibt die Schnittkurve (Bild 1). Je mehr Punkte konstruiert werden, um so genauer wird die Kurve.

4. Grenzpunkte sind besonders charakteristische Punkte einer Kurve, z. B. die am weitesten außen liegenden Punkte (Punkte 1 und 6 in Bild 1), Endpunkte und ferner solche Punkte, in denen die Schnittkurve mit Körperkanten zusammen fällt. Diese Punkte müssen konstruiert werden. Die Punkte 4 und 5 in Bild 1 liegen z. B. in der technischen Zeichnung auf den Kegelseiten (vgl. Grundaufgabe Seite 40).

5. Punkte einer Schnittkurve werden ermittelt, indem man Hilfsschnitte durch den Körper legt. Dadurch entstehen Schnittflächen, auf deren Umrißlinien Punkte der Schnittfläche liegen.

6. Die Hilfsschnitte können horizontal, vertikal, radial oder auch schräg zur Achse liegen (Bild 3 und 4). Man wählt die Lage der Schnittebenen so, daß einfach zu zeichnende Schnittflächen entstehen, also Kreisflächen und einfache eckige Flächen.

7. Horizontale Schnitte ergeben beim Zylinder und Kegel Kreise (Bild 3a und 4a); durch vertikale Schnitte entstehen beim Zylinder Rechtecke (Bild 4a) und beim Kegel Hyperbeln (Bild 4b), deren Konstruktion ziemlich zeitraubend ist; radiale Schnitte ergeben beim Zylinder Rechtecke, beim Kegel Dreiecke (Bild 4c).

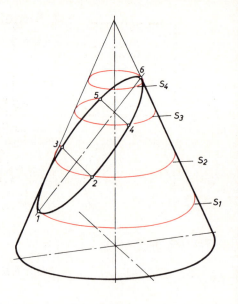

Bild 1. Räumliche Darstellung eines schräg zur Drehachse geschnittenen Kegels mit eingezeichneten Schnittebenen $S_1 \ldots S_4$

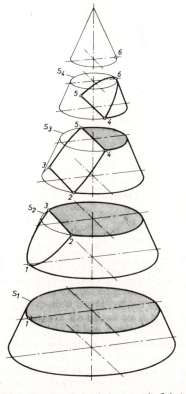

Bild 2. Der Kegel durch horizontale Schnitte zerlegt

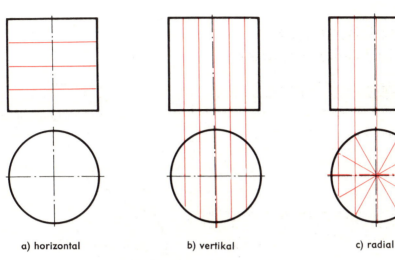

Bild 3. Hilfsschnitte bei einem Zylinder

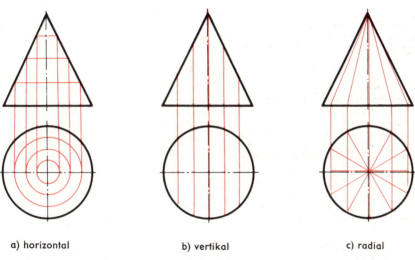

Bild 4. Hilfsschnitte bei einem Kegel

8. Bei dem Kegel in Bild 1 und 2 entstehen durch die Schnitte S_2 und S_3 als Schnittflächen **Kreisabschnitte**, deren Eckpunkte 2—3 und 4—5 Punkte der Schnittkurve sind. Die Schnitte S_1 und S_4 ergeben Kreise; die Kurvenpunkte sind die Schnittpunkte der Kreislinien mit einer Mittellinie.

9. Die Schnittfläche muß in die Ansicht projiziert werden, in der sie als **Fläche** erscheint. Der jeweilige Radius der Kreisfläche sowie der Abstand der Punkte von einer Mittellinie wird der Ansicht entnommen, durch die der Schnitt gelegt ist. Liegen die Punkte in zwei Ansichten fest, so können sie in die dritte Ansicht projiziert werden.

10. Kurvenpunkte, die auf **Mittellinien** oder **Körperkanten** liegen, können ohne weiteres von einer Ansicht in eine andere projiziert werden.

2.2 Einfache Schnittkurven und Abwicklungen

1. Grundaufgabe

Parallel zur Drehachse geschnittener Zylinder

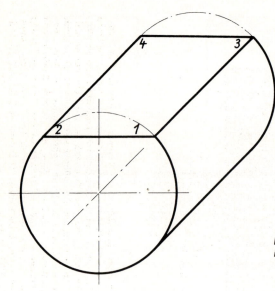

Bild 1. Parallel zur Drehachse geschnittener Zylinder in räumlicher Darstellung

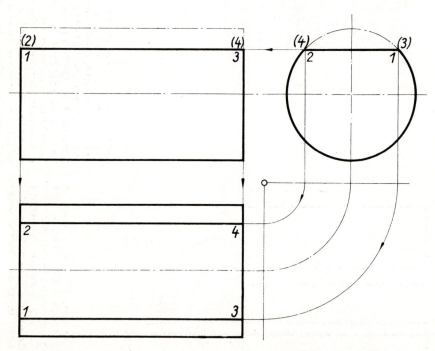

Bild 2. Der obige Körper in rechtwinkliger Parallelprojektion

Wird ein Zylinder (oder ein Prisma) parallel zur Drehachse geschnitten, so ist die Umrißlinie der Schnittfläche stets ein Rechteck. In dem obigen Beispiel verläuft der Schnitt senkrecht zur 2. und 3. Projektionsebene.

Die Schnittfläche erscheint in der Draufsicht als Rechteck, in der Vorderansicht und Seitenansicht als Kante.

Zylinder mit zwei Schnitten parallel zur Drehachse mit Abwicklung

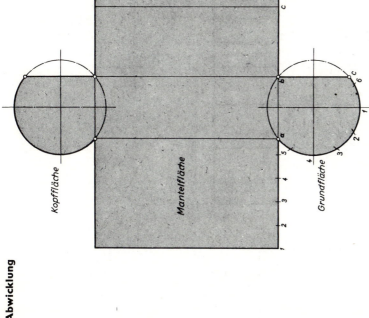

Die **Abwicklung** eines Körpers ist seine in einer Ebene ausgebreitete Oberfläche. In der Abwicklung erscheinen alle Abmessungen in ihrer wahren Größe. Die Maße der Abwicklung werden der Zeichnung des Körpers entnommen, und zwar der Ansicht, in der sie in wahrer Größe erscheinen.

Die Abwicklung des Körpers besteht aus der Mantelfläche, der Grundfläche und der Kopffläche. Man denkt sich den Körper in der Mitte der Seitenansicht aufgeschnitten und die Mantelfläche nach links und rechts, die Grundfläche nach unten und die Kopffläche nach oben ausgebreitet. Die Länge der Mantelfläche ist gleich dem Umfang der Grundfläche, die Höhe der Mantelfläche gleich der Höhe des Körpers. Der Umfang der Grundfläche erscheint in der Draufsicht, die Höhe des Körpers in der Vorder- und Seitenansicht in wahrer Größe. Die Länge der Mantelfläche setzt sich aus den Bogenstücken 1—2, 2—3...5—a, den geraden Stücken a—b und b—c und weiterhin den Bogenstücken c—6 und 6—1 zusammen. Man erhält die Teilung des Kreises in der Draufsicht, indem man mit dem Radius um die Schnittpunkte der Mittellinien mit der Kreislinie Bogen zeichnet (vgl. Konstruktion des Sechsecks, S. 21). Die Grund- und Kopffläche erscheinen in der Draufsicht in wahrer Größe.

Sechseckiges Prisma mit zwei Schnitten parallel zur Längsachse

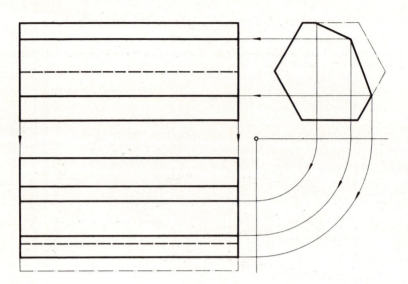

Beispiel

Zylinder mit zwei Schnitten parallel zur Drehachse

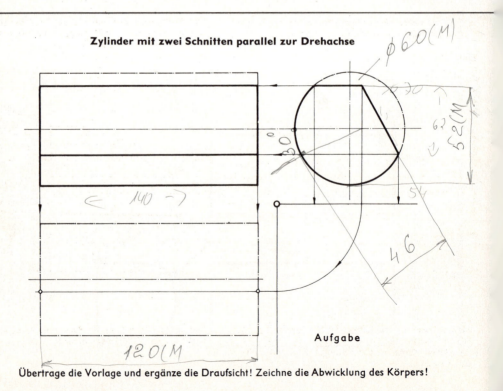

Aufgabe

Übertrage die Vorlage und ergänze die Draufsicht! Zeichne die Abwicklung des Körpers!

2. Grundaufgabe

Schräg zur Längsachse geschnittenes Prisma

Wird ein Prisma schräg zur Längsachse geschnitten, so ist der Umriß der Schnittfläche ein Vieleck mit der gleichen Eckenzahl wie die Grund- und Kopffläche.

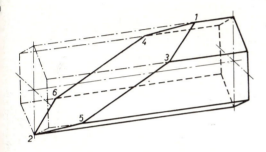

Bild 1. Räumliche Darstellung des schräg zur Längsachse geschnittenen sechseckigen Prismas

Bild 2. Projektion der Punkte 1 und 2 von der Vorder- und Seitenansicht in die Draufsicht. Die Punkte liegen in der Draufsicht auf der Mittellinie

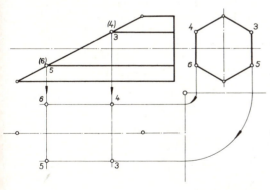

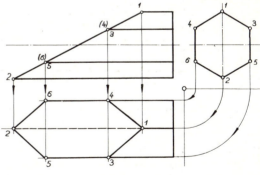

Bild 3. Projektion der Punkte 3 und 4 sowie 5 und 6 von der Vorder- und Seitenansicht in die Draufsicht. Die Punkte liegen in der Draufsicht auf den Seiten des Prismas

Bild 4. Die Verbindung der Punkte in der Draufsicht ergibt als Schnittfläche ein Sechseck

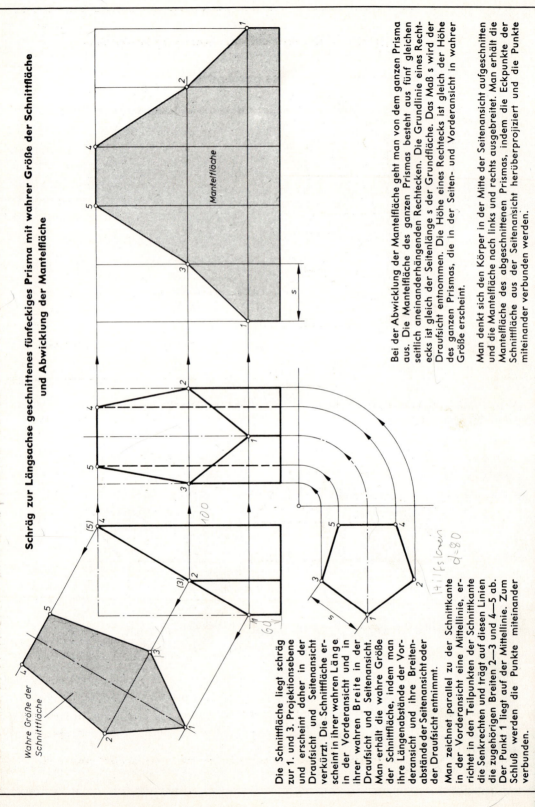

Schräg und parallel zur Längsachse geschnittenes dreieckiges Prisma

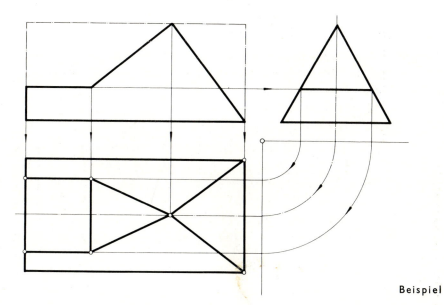

Beispiel

Siebeneckiges Prisma mit zwei Schnitten schräg zur Längsachse

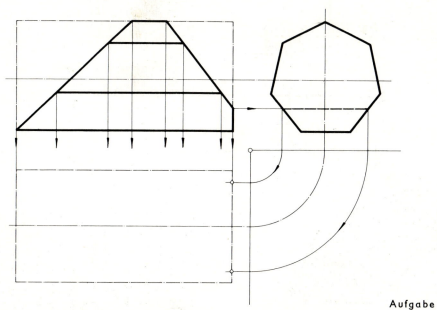

Aufgabe

Übertrage die Vorlage und ergänze die Draufsicht! Zeichne die Schnittflächen in wahrer Größe und die Abwicklung des Körpers!

3. Grundaufgabe

Schräg zur Drehachse geschnittener Zylinder

Wird ein Zylinder schräg zur Drehachse geschnitten, so ist der Umriß der Schnittfläche, die Schnittkurve, eine Ellipse.

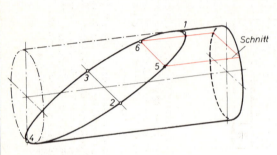

Bild 1. Räumliche Darstellung des schräg zur Drehachse geschnittenen Zylinders mit eingezeichneter Schnittebene.

Bild 2. Projektion der Punkte 1 und 4 sowie 2 und 3 von der Vorder- und Seitenansicht in die Draufsicht. Die Punkte 1 und 4 liegen in der Draufsicht auf der Mittellinie, Punkt 2 auf der unteren und Punkt 3 auf der oberen Mantellinie des Zylinders.

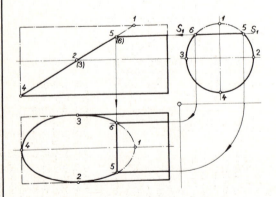

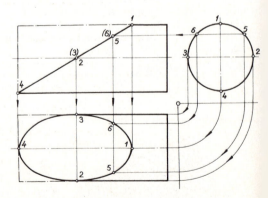

Bild 3. Waagerechter Schnitt durch die Vorder- und Seitenansicht; die linken Eckpunkte der Schnittfläche in der Vorderansicht ergeben in der Draufsicht die Kurvenpunkte 5 und 6.

Bild 4. Die Verbindung der Kurvenpunkte in der Draufsicht mit dem Kurvenlineal ergibt die Schnittkurve; sie ist eine Ellipse.

Schräg zur Drehachse geschnittener Zylinder
mit wahrer Größe der Schnittfläche und Abwicklung der Mantel- und Kopffläche

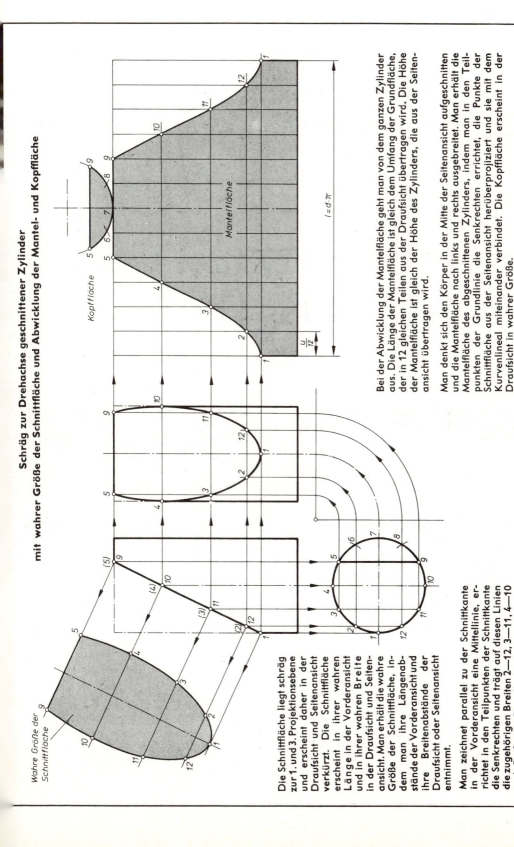

Die Schnittfläche liegt schräg zur 1. und 3. Projektionsebene und erscheint daher in der Draufsicht und Seitenansicht verkürzt. Die Schnittfläche erscheint in ihrer wahren Länge in der Vorderansicht und in ihrer wahren Breite in der Draufsicht und Seitenansicht. Man erhält die wahre Größe der Schnittfläche, indem man ihre Längenabstände der Vorderansicht und ihre Breitenabstände der Draufsicht oder Seitenansicht entnimmt.

Man zeichnet parallel zu der Schnittkante in der Vorderansicht eine Mittellinie, errichtet in den Teilpunkten der Schnittkante die Senkrechten und trägt auf diesen Linien die zugehörigen Breiten 2—12, 3—11, 4—10 und 5—9 ab. Der Punkt 1 liegt auf der Mittellinie. Zum Schluß verbindet man die Punkte mit dem Kurvenlineal.

Bei der Abwicklung der Mantelfläche geht man von dem ganzen Zylinder aus. Die Länge der Mantelfläche ist gleich dem Umfang der Grundfläche, der in 12 gleichen Teilen aus der Draufsicht übertragen wird. Die Höhe der Mantelfläche ist gleich der Höhe des Zylinders, die aus der Seitenansicht übertragen wird.

Man denkt sich den Körper in der Mitte der Seitenansicht aufgeschnitten und die Mantelfläche nach links und rechts ausgebreitet. Man erhält die Punkte der Mantelfläche des abgeschnittenen Zylinders, indem man in den Teilpunkten der Grundlinie die Senkrechten errichtet, die Punkte der Schnittfläche aus der Seitenansicht herüberprojiziert und sie mit dem Kurvenlineal miteinander verbindet. Die Kopffläche erscheint in der Draufsicht in wahrer Größe.

Zylinder mit zwei gewölbten Schnitten

Für die Konstruktion der Schnittkurve ist es gleichgültig, ob der Schnitt gerade oder gewölbt ist.

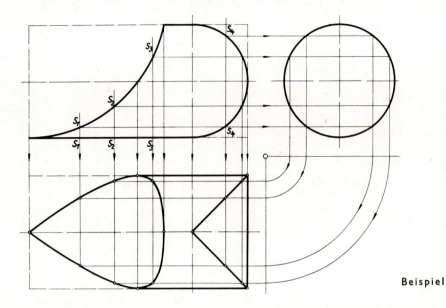

Beispiel

Zylinder mit zwei geraden Schnitten schräg zur Drehachse

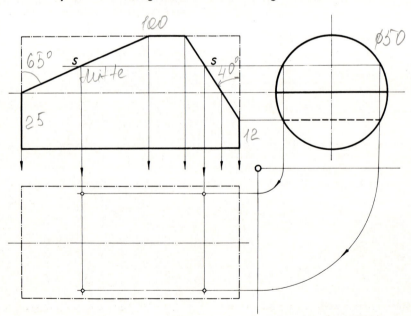

Aufgabe

Übertrage die Vorlage und ergänze die Draufsicht! Zeichne die Schnittflächen in wahrer Größe und die Abwicklung des Körpers!

4. Grundaufgabe
Schräg und senkrecht zur Längsachse geschnittene Pyramide

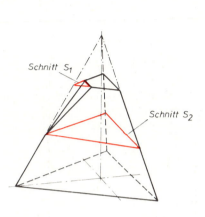

Bild 1. Räumliche Darstellung der schräg und senkrecht zur Längsachse geschnittenen dreieckigen Pyramide mit eingezeichneten Schnittebenen S_1 und S_2.

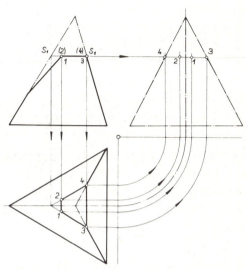

Bild 2. Ausführung des Schnittes S_1 zur Bestimmung der Punkte 1—2 und 3—4 in der Draufsicht und Seitenansicht. Die Schnittfläche ist ein der Grundfläche ähnliches Dreieck. Die Eckpunkte der Schnittfläche in der Draufsicht sind die Schnittpunkte der Projektionslinien mit den Seitenkanten der Pyramide.

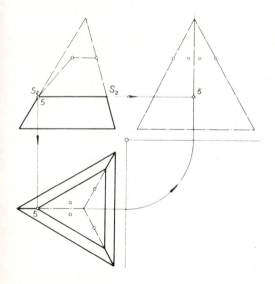

Bild 3. Ausführung des Schnittes S_2 zur Bestimmung des Punktes 5 in der Draufsicht und Seitenansicht. Da Punkt 5 in diesen beiden Ansichten jeweils auf der Mittellinie liegt, kann er auch ohne weiteres von der Vorderansicht in die Draufsicht und Seitenansicht projiziert werden.

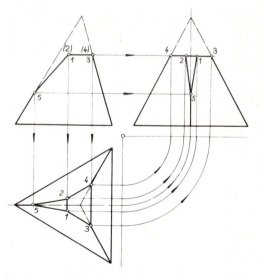

Bild 4. Die Verbindung der Punkte ergibt in der Draufsicht und Seitenansicht den Umriß der Schnittfläche.

Schräg zur Längsachse geschnittene quadratische Pyramide mit Abwicklung der Mantelfläche

Bei der Abwicklung der Mantelfläche geht man von der ganzen Pyramide aus. Die Mantelfläche der ganzen Pyramide besteht aus vier gleichen gleichschenkligen Dreiecken, die mit den Seiten aneinanderhängen. Die Grundlinie eines Dreiecks ist gleich der Seite a der Grundfläche, und gleich der wahren Kantenlänge der Pyramide in allen drei Ansichten verkürzt erscheint, muß sie zunächst konstruiert werden. Man schlägt um den Punkt S in der Draufsicht mit dem Radius SA einen Kreisbogen bis zur waagerechten Mittellinie und lotet den Schnittpunkt des Kreisbogens mit der Mittellinie hoch bis zur Verlängerung der Grundfläche in der Vorderansicht. Die Verbindung dieses Schnittpunktes A mit der Spitze S ist die wahre Kantenlänge der Pyramide. Dementsprechend sind die Abstände SB und SC die wahren Kantenlängen der durch die Schnitte entstehenden Restpyramiden.

Man zeichnet mit der wahren Kantenlänge SA einen Kreisbogen, fällt vom Einsatzpunkt des Zirkels das Lot, trägt vom Schnittpunkt des Lotes mit dem Kreisbogen je zweimal nach links und rechts die Seite a ab und verbindet die Teilpunkte mit dem Punkt S. Man denkt sich den Körper in der Seitenansicht an der vorderen rechten Kante aufgeschnitten und die Mantelfläche nach links und rechts ausgebreitet. Der Punkt 1 liegt dann auf den äußeren Seiten der Mantelfläche im Abstand SB vom Punkt S. Der Radius SB wird vor der Vorderansicht entnommen. Der Punkt 4 ist der Schnittpunkt des gleichen Kreisbogens mit der linken Seite des 2. Dreiecks von links. Die Punkte 2 und 3 sind die Schnittpunkte des Kreisbogens mit dem Radius SC (Vorderansicht) mit den Seiten des 2. Dreiecks von rechts. Die Verbindung der Punkte ergibt die Mantelfläche der geschnittenen Pyramide.

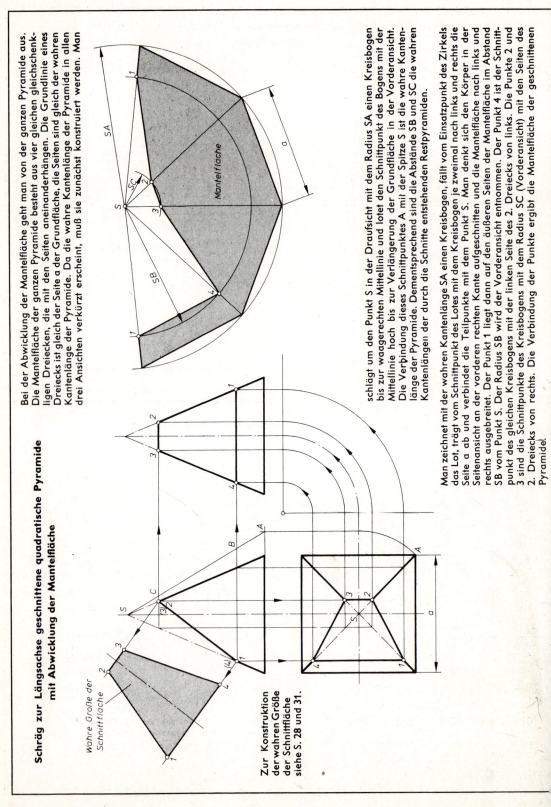

Zur Konstruktion der wahren Größe der Schnittfläche siehe S. 28 und 31.

Senkrecht und schräg zur Längsachse geschnittene fünfeckige Pyramide

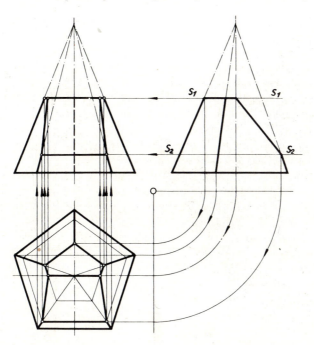

Beispiel

Schräg zur Längsachse geschnittene sechseckige Pyramide

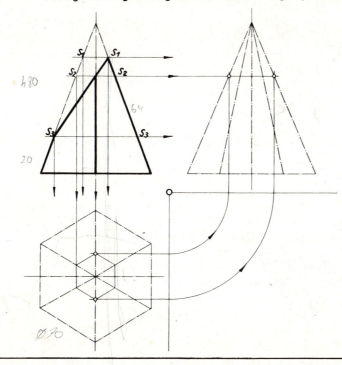

Aufgabe

Übertrage die Vorlage und ergänze die Draufsicht und Seitenansicht!

Zeichne die Schnittfläche in wahrer Größe und die Mantelfläche des Körpers!

Sechseckige Pyramide mit zwei Schnitten schräg zur Längsachse

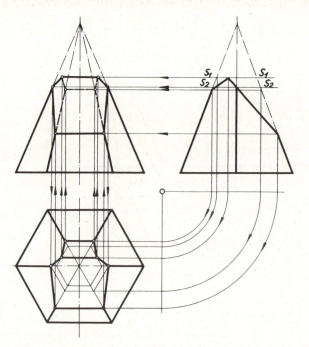

Beispiel

Quadratische Pyramide mit zwei Schnitten schräg zur Längsachse

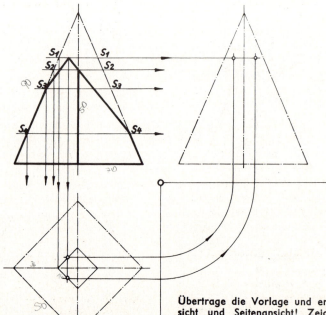

Aufgabe

Übertrage die Vorlage und ergänze die Draufsicht und Seitenansicht! Zeichne die Schnittflächen in wahrer Größe und die Mantelfläche des Körpers!

2.3 Kegelschnitte und Abwicklungen geschnittener Kegel

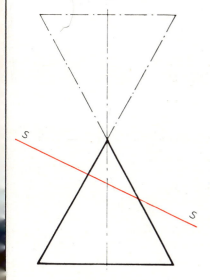

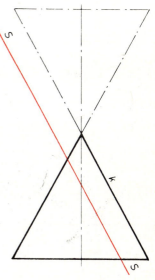

1. Ellipsenschnitt
Werden alle Kegelseiten oder ihre Verlängerungen geschnitten (S—S), so ist die Schnittkurve eine Ellipse. Die Schnittebene berührt nicht den Scheitelkegel.

2. Kreisschnitt
Verläuft der Schnitt (S—S) senkrecht zur Drehachse, so ist die Schnittkurve ein Kreis. Der Kreisschnitt ist ein Sonderfall des Ellipsenschnittes.

3. Parabelschnitt
Verläuft der Schnitt (S—S) parallel zu einer Kegelseite (k), so ist die Schnittkurve eine Parabel. Der Scheitelkegel wird nicht berührt.

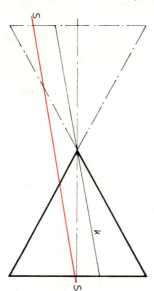

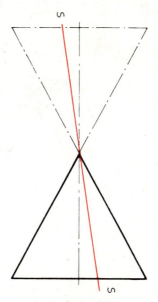

4. Hyperbelschnitt
Verläuft der Schnitt (S—S) parallel zu zwei Kegelseiten (k vorne und dahinter), so ist die Schnittkurve eine Hyperbel. Die Schnittebene schneidet auch den Scheitelkegel.

5. Dreieckschnitt
Verläuft der Schnitt (S—S) durch die Kegelspitze, so ist die Schnittkurve ein Dreieck. Der Dreieckschnitt ist ein Sonderfall des Hyperbelschnittes.

5. Grundaufgabe
Schräg zur Drehachse geschnittener Kegel (Ellipsenschnitt)

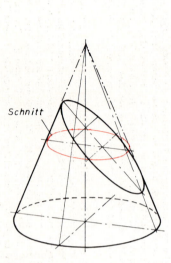

Bild 1. Räumliche Darstellung des schräg zur Drehachse geschnittenen Kegels mit eingezeichneter Schnittebene.

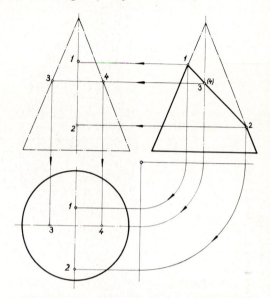

Bild 2. Projektion der Punkte 1—2 und 3—4 von der Seitenansicht in die Draufsicht und Vorderansicht. Die Punkte 1 und 2 liegen in der Draufsicht und Vorderansicht auf der senkrechten Mittellinie; die Punkte 3 und 4 liegen in der Vorderansicht auf den Kegelseiten und in der Draufsicht auf der waagerechten Mittellinie.

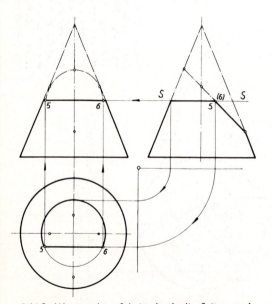

Bild 3. Waagerechter Schnitt durch die Seiten- und Vorderansicht zur Bestimmung der Punkte 5 und 6. Die Punkte werden zuerst in der Draufsicht bestimmt und von der Draufsicht in die Vorderansicht projiziert. Der Schnitt ist in der Seitenansicht durch den Mittelpunkt der Schnittkante gelegt. Dieser Schnitt ergibt die am weitesten außen liegenden Punkte der Ellipse.

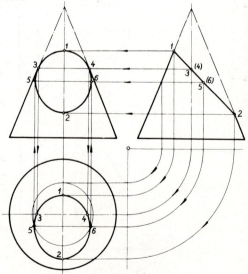

Bild 4. Die Verbindung der Kurvenpunkte mit dem Kurvenlineal ergibt in der Draufsicht und Vorderansicht als Schnittkurve eine Ellipse.

Die Schnittkurven der übrigen Kegelschnitte werden in der gleichen Weise konstruiert.

Schräg zur Drehachse geschnittener Kegel (Ellipsenschnitt) mit wahrer Größe der Schnittfläche und Abwicklung der Mantelfläche

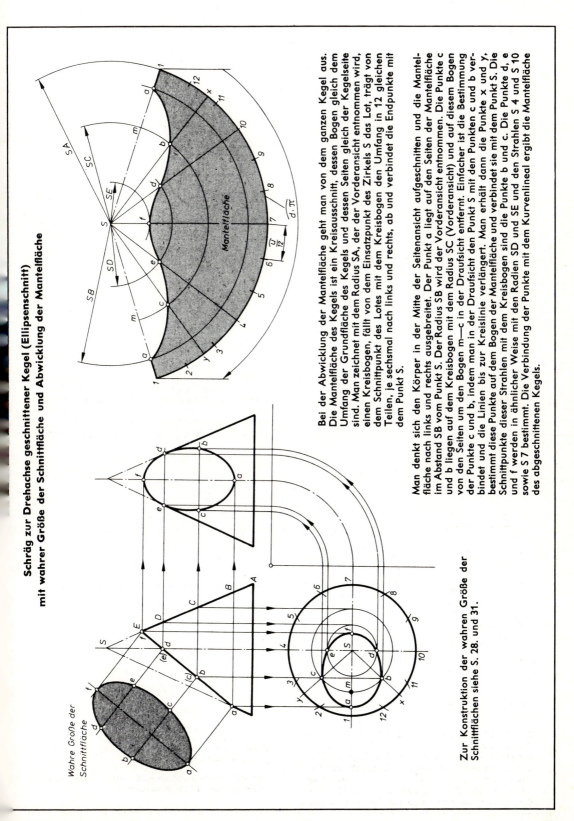

Wahre Größe der Schnittfläche

Zur Konstruktion der wahren Größe der Schnittflächen siehe S. 28. und 31.

Bei der Abwicklung der Mantelfläche geht man von dem ganzen Kegel aus. Die Mantelfläche des Kegels ist ein Kreisausschnitt, dessen Bogen gleich dem Umfang der Grundfläche des Kegels und dessen Seiten gleich der Kegelseite sind. Man zeichnet mit dem Radius SA, der der Vorderansicht entnommen wird, einen Kreisbogen, fällt von dem Einsatzpunkt des Zirkels S das Lot, trägt von dem Schnittpunkt des Lotes mit dem Kreisbogen den Umfang in 12 gleichen Teilen, je sechsmal nach links und rechts, ab und verbindet die Endpunkte mit dem Punkt S.

Man denkt sich den Körper in der Mitte der Seitenansicht aufgeschnitten und die Mantelfläche nach links und rechts ausgebreitet. Der Punkt a liegt auf den Seiten der Mantelfläche im Abstand SB vom Punkt S. Der Radius SB wird der Vorderansicht entnommen. Die Punkte c und b liegen auf dem Kreisbogen mit dem Radius SC (Vorderansicht) und auf diesem Bogen von den Seiten um den Bogen m—c in der Draufsicht entfernt. Einfacher ist die Bestimmung der Punkte c und b, indem man in der Draufsicht den Punkt S mit den Punkten c und b verbindet und die Linien bis zur Kreislinie verlängert. Man erhält dann die Punkte x und y, bestimmt diese Punkte auf dem Bogen der Mantelfläche und verbindet sie mit dem Punkt S. Die Schnittpunkte dieser Strahlen mit dem Kreisbogen sind die Punkte b und c. Die Punkte d, e und f werden in ähnlicher Weise mit den Radien SD und SE und den Strahlen S 4 und S 10 sowie S 7 bestimmt. Die Verbindung der Punkte mit dem Kurvenlineal ergibt die Mantelfläche des abgeschnittenen Kegels.

Schräg zur Drehachse geschnittener Kegel (Ellipsenschnitt)
Radiale Hilfsschnitte

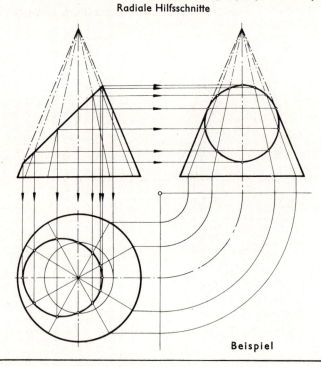

Beispiel

Schräg zur Drehachse geschnittener Kegel (Ellipsenschnitt)
Radiale Hilfsschnitte

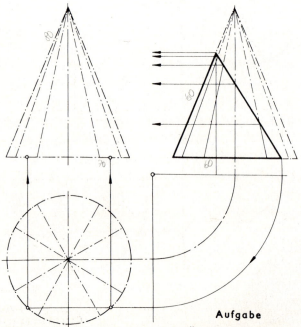

Aufgabe
Übertrage die Vorlage und ergänze die Vorderansicht und Draufsicht!

Weitere Kegelschnitte

Schräg zur Drehachse geschnittener Kegel (Parabelschnitt)

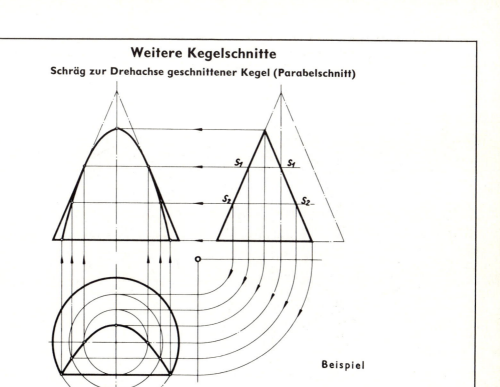

Beispiel

Schräg zur Drehachse geschnittener Kegel (Parabelschnitt)

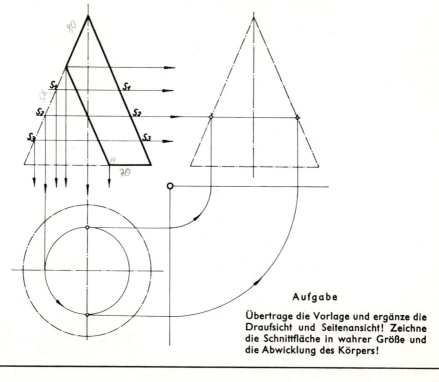

Aufgabe

Übertrage die Vorlage und ergänze die Draufsicht und Seitenansicht! Zeichne die Schnittfläche in wahrer Größe und die Abwicklung des Körpers!

Parallel und schräg zur Drehachse geschnittener Kegel (Hyperbel- und Ellipsenschnitt)

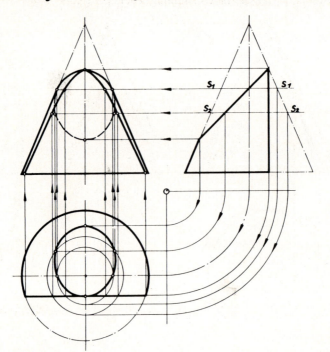

Beispiel

Parallel zur Drehachse geschnittener Kegel (Hyperbelschnitt)

Der Schnitt parallel zur Drehachse ist der an technischen Werkstücken am häufigsten vorkommende Kegelschnitt.

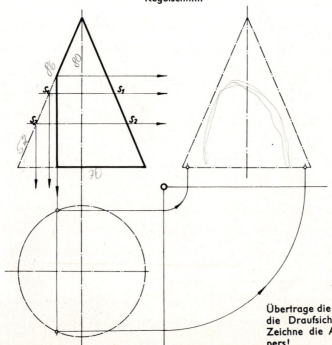

Aufgabe

Übertrage die Vorlage und ergänze die Draufsicht und Seitenansicht! Zeichne die Abwicklung des Körpers!

Durch die Kegelspitze geschnittener Kegel (Dreieckschnitt)

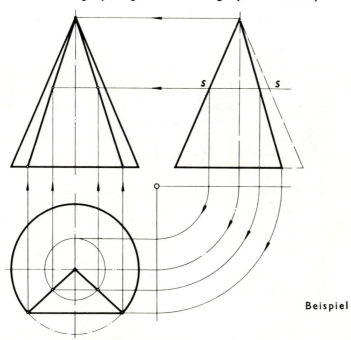

Beispiel

Durch die Kegelspitze geschnittener Kegel (Dreieckschnitt)

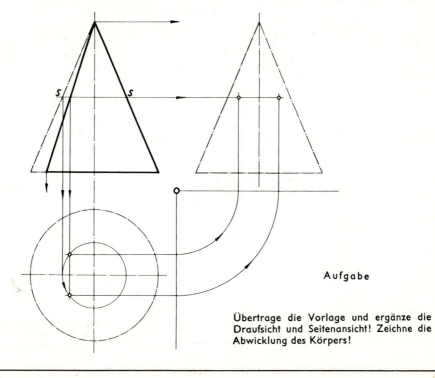

Aufgabe

Übertrage die Vorlage und ergänze die Draufsicht und Seitenansicht! Zeichne die Abwicklung des Körpers!

2.4 Die schräg geschnittene Kugel

Senkrecht zur 3. und schräg zur 1. und 2. Projektionsebene geschnittene Kugel

Die Schnittkurve des Kugelschnittes wird in der gleichen Weise konstruiert wie die des elliptischen Kegelschnittes (S. 38).

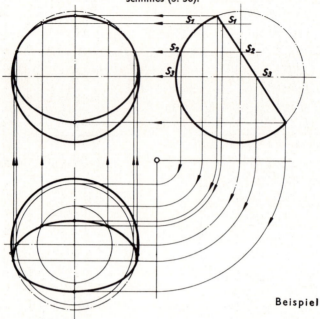

Beispiel

Senkrecht zur 2. und schräg zur 1. und 3. Projektionsebene geschnittene Kugel

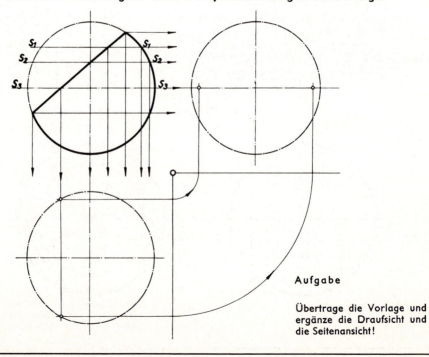

Aufgabe

Übertrage die Vorlage und ergänze die Draufsicht und die Seitenansicht!

Die Abwicklung einer abgeschnittenen Kugel

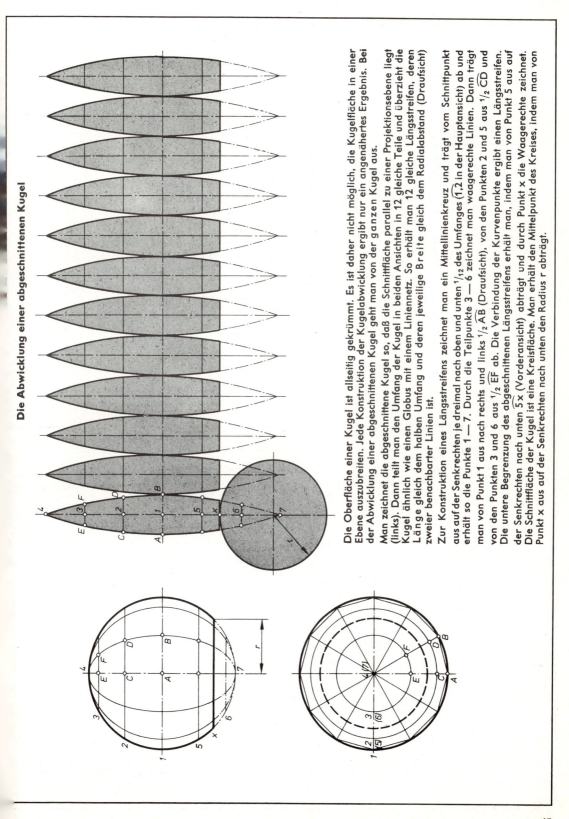

Die Oberfläche einer Kugel ist allseitig gekrümmt. Es ist daher nicht möglich, die Kugelfläche in einer Ebene auszubreiten. Jede Konstruktion der Kugelabwicklung ergibt nur ein angenähertes Ergebnis. Bei der Abwicklung einer abgeschnittenen Kugel geht man von der ganzen Kugel aus.

Man zeichnet die abgeschnittene Kugel so, daß die Schnittfläche parallel zu einer Projektionsebene liegt (links). Dann teilt man den Umfang der Kugel in beiden Ansichten in 12 gleiche Teile und überzieht die Kugel ähnlich wie einen Globus mit einem Liniennetz. So erhält man 12 gleiche Längsstreifen, deren Länge gleich dem halben Umfang und deren jeweilige Breite gleich dem Radialabstand (Draufsicht) zweier benachbarter Linien ist.

Zur Konstruktion eines Längsstreifens zeichnet man ein Mittellinienkreuz und trägt vom Schnittpunkt aus auf der Senkrechten je dreimal nach oben und unten $1/12$ des Umfanges ($\overset{\frown}{1,2}$ in der Hauptansicht) ab und erhält so die Punkte 1—7. Durch die Teilpunkte 3—6 zeichnet man waagerechte Linien. Dann trägt man von Punkt 1 aus nach rechts und links $1/2$ $\overset{\frown}{AB}$ (Draufsicht), von den Punkten 2 und 5 aus $1/2$ $\overset{\frown}{CD}$ und von den Punkten 3 und 6 aus $1/2$ $\overset{\frown}{EF}$ ab. Die Verbindung der Kurvenpunkte ergibt einen Längsstreifen. Die untere Begrenzung des abgeschnittenen Längsstreifens erhält man, indem man von Punkt 5 aus auf der Senkrechten nach unten 5 x (Vorderansicht) abträgt und durch Punkt x die Waagerechte zeichnet. Die Schnittfläche der Kugel ist eine Kreisfläche. Man erhält den Mittelpunkt des Kreises, indem man von Punkt x aus auf der Senkrechten nach unten den Radius r abträgt.

3. Durchdringungen von Körpern
3.1 Die Konstruktion von Durchdringungskurven

1. Durchdringen sich zwei Körper, so entsteht eine **Durchdringungskurve** (Bild 1).
2. Jede Durchdringungskurve wird **punktweise** konstruiert. Die Verbindung der Kurvenpunkte ergibt die Durchdringungskurve.
3. Besonders charakterist. **Grenzpunkte** (siehe S. 22) müssen bestimmt werden.
4. Durchdringungskurven werden ähnlich wie Schnittkurven (S. 22) konstruiert, indem man in dem Durchdringungsbereich ebene Schnitte legt, so daß beide Körper geschnitten werden.
5. Die Punkte, in denen sich die Umrißlinien der Schnittflächen beider Körper schneiden oder berühren, gehören auch beiden Körpern an und sind somit Punkte der Durchdringungskurve. Bei dem Schnitt S_2 ist dies besonders offensichtlich: Die Schnittfläche des Zylinders ist ein Rechteck, die Schnittfläche des Kegels ist ein Kreis. Die Umrißlinien der Schnittflächen schneiden sich in den Punkten 3, 4, 5 und 6, die somit Punkte der Durchdringungskurve sind. Bei dem Schnitt S_3 berührt die Schnittfläche des Kegels (Kreis) die Schnittfläche des Zylinders (Rechteck) in den Punkten 7 und 8. Der Schnitt S_1 ergibt bei dem Kegel eine Kreisfläche und bei dem Zylinder eine Gerade mit den Schnittpunkten 1 und 2.
6. Man erhält diese Punkte, indem man die Schnittfläche in die Ansicht projiziert, in der sie als **Fläche** erscheint. Sind die Punkte auf diese Weise ermittelt, so können sie in eine andere Ansicht projiziert werden. Kurvenpunkte, die auf Mittellinien oder Körperkanten liegen, können unmittelbar von einer Ansicht in eine andere projiziert werden.
7. Die Schnitte werden möglichst so gelegt, daß die Umrißlinien der Schnittflächen Kreise oder Gerade sind.

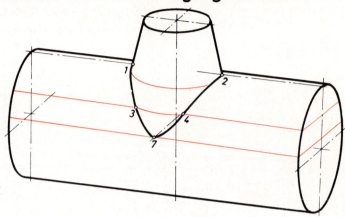

Bild 1. Durchdringung Zylinder — Kegel mit eingezeichneten Schnittebenen S_1, S_2 und S_3.

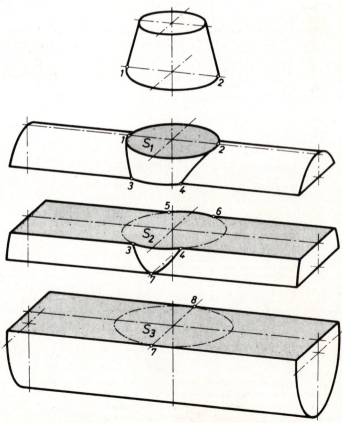

Bild 2. Der obige Körper durch horizontale Schnitte zerlegt.

3.2 Einfache Durchdringungen von Körpern
6. Grundaufgabe
Durchdringung zweier Zylinder
Die Achsen schneiden sich rechtwinklig.

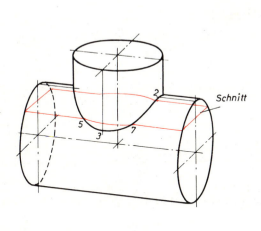

Bild 1. Räumliche Darstellung der Durchdringung der beiden Zylinder mit eingezeichneter Schnittebene.

Bild 2. Projektion des tiefsten Punktes 3 der Durchdringungskurve von der Seitenansicht in die Vorderansicht. Der Punkt 3 liegt in der Vorderansicht auf der senkrechten Mittellinie. Die Endpunkte 1 und 2 der Durchdringungskurve in der Vorderansicht sind die Schnittpunkte der Mantellinien der beiden Zylinder.

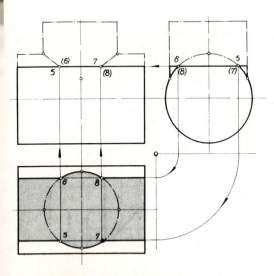

Bild 3. Waagerechter Schnitt durch die Seiten- und Vorderansicht zur Bestimmung der Punkte 5—6—7 und 8. Die Schnittpunkte der Schnittflächen (Rechteck und Kreisfläche) der beiden Körper ergeben in der Draufsicht die Punkte, die dann von der Draufsicht in die Vorderansicht projiziert werden.

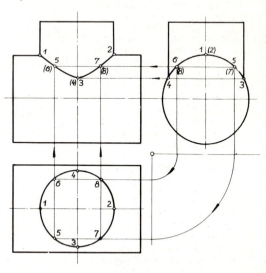

Bild 4. Die Verbindung der Punkte mit dem Kurvenlineal ergibt in der Vorderansicht die Durchdringungskurve.

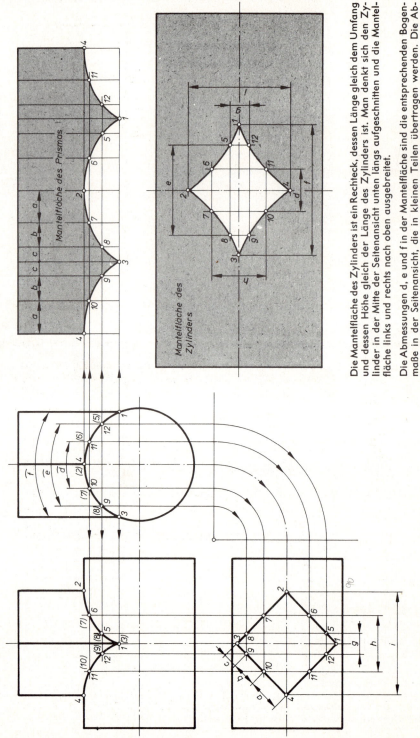

Durchdringung Zylinder — quadratisches Prisma mit Abwicklung der Mantelflächen

Die Achsen der beiden Körper schneiden sich rechtwinklig.

Die Mantelfläche des ganzen Prismas besteht aus 4 gleichen Rechtecken, deren Grundlinie gleich der Seite der Grundfläche und deren Höhe gleich der Höhe des Prismas ist. Man denkt sich das Prisma in der Mitte der Seitenansicht aufgeschnitten und die Mantelfläche nach links und rechts ausgebreitet. Die Rechtecke werden mit den Maßen a, b und c, die der Draufsicht entnommen werden und in jedem Rechteck wiederkehren, eingeteilt. Dann projiziert man die Punkte der Durchdringungskurve von der Seitenansicht in die Mantelfläche.

Die Mantelfläche des Zylinders ist ein Rechteck, dessen Länge gleich dem Umfang und dessen Höhe gleich der Länge des Zylinders ist. Man denkt sich den Zylinder in der Mitte der Seitenansicht unten längs aufgeschnitten und die Mantelfläche links und rechts nach oben ausgebreitet.

Die Abmessungen d, e und f in der Mantelfläche sind die entsprechenden Bogenmaße in der Seitenansicht, die in kleinen Teilen übertragen werden. Die Abmessungen g, h und i in der Mantelfläche sind der Draufsicht entnommen.

Durchdringung zweier Zylinder mit gleichem Durchmesser

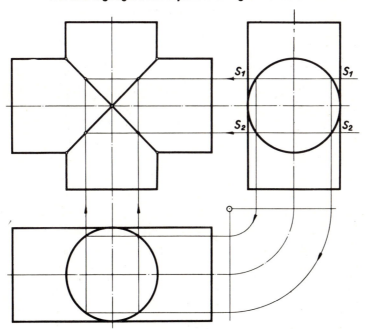

Beispiel

Bei der Durchdringung zweier Zylinder mit gleichem Durchmesser sind die Durchdringungskurven geradlinig.

Durchdringung zweier Zylinder mit ungleichen Durchmessern

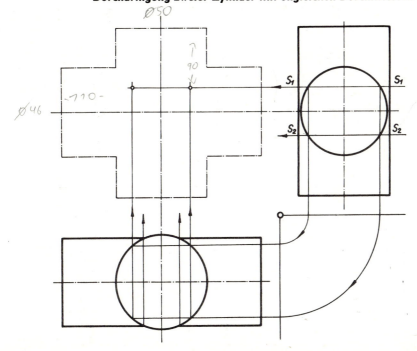

Aufgabe

Übertrage die Vorlage und ergänze die Vorderansicht! Zeichne die Mantelfläche des senkrechten Zylinders und eines seitlichen Zylinderstutzens!

Zylinder mit rundem Loch

Eine Durchlochung betrachtet man als die Durchdringung eines **Vollkörpers** mit einem **Hohlkörper**. Die Konstruktion der Durchdringungskurve ist daher die gleiche wie bei der Durchdringung von Vollkörpern.

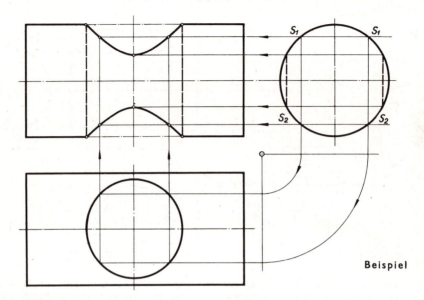

Beispiel

Zylinder mit Langloch

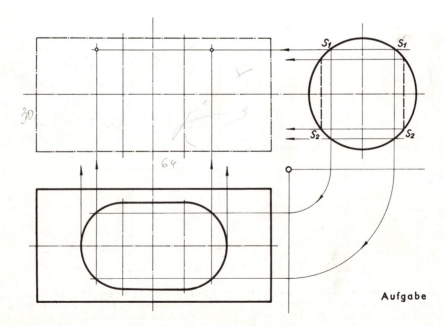

Aufgabe

Übertrage die Vorlage und ergänze die Vorderansicht! Zeichne die Mantelfläche des Körpers!

7. Grundaufgabe
Durchdringung zweier Zylinder
Die Achsen kreuzen sich rechtwinklig.

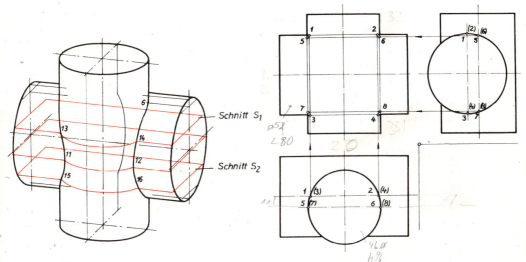

Bild 1. Räumliche Darstellung der Durchdringung der beiden Zylinder mit eingezeichneten Schnittebenen S_1 und S_2.

Bild 2. Projektion der Punkte 1—2 und 3—4 von der Draufsicht und der Punkte 5—6 und 7—8 von der Seitenansicht in die Vorderansicht. Die Punkte 1—2 und 3—4 liegen in der Vorderansicht auf den Mantellinien des waagerechten, die Punkte 5—6 und 7—8 auf den Mantellinien des senkrechten Zylinders.

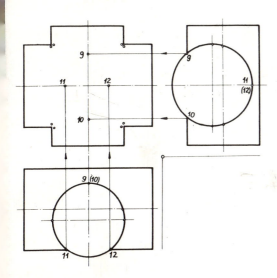

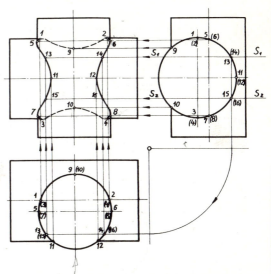

Bild 3. Projektion der Punkte 11—12 von der Draufsicht und der Punkte 9—10 von der Seitenansicht in die Vorderansicht. Die Punkte 9 und 10 liegen in der Vorderansicht auf der senkrechten, die Punkte 11 und 12 auf der waagerechten Mittellinie.

Bild 4. Ausführung der Schnitte S_1 und S_2 zur Ermittlung der Punkte 13—14 und 15—16. Die Verbindung der Punkte ergibt in der Vorderansicht die Durchdringungskurve. Sie verläuft zum Teil unsichtbar.

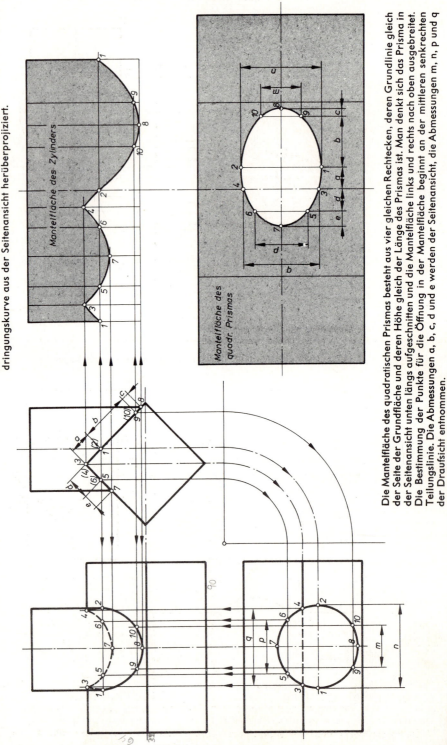

Durchdringung quadratisches Prisma — Zylinder mit Abwicklung der Mantelflächen

Die Achsen der beiden Körper kreuzen sich rechtwinklig.

Die Mantelfläche des ganzen Zylinders ist ein Rechteck, dessen Länge gleich dem Umfang und dessen Höhe gleich der Höhe des Zylinders ist. Die Länge der Mantelfläche wird mit den Bogenstücken 1–3, 3–5 ... und 9–1 aus der Draufsicht aufgetragen, und in den Teilpunkten werden die Senkrechten errichtet. Man denkt sich den Zylinder in der Mitte der Seitenansicht aufgeschnitten und die Mantelfläche nach links und rechts ausgebreitet. Man erhält die wahre Form der Mantelfläche, indem man die Punkte der Durchdringungskurve aus der Seitenansicht herüberprojiziert.

Die Mantelfläche des quadratischen Prismas besteht aus vier gleichen Rechtecken, deren Grundlinie gleich der Seite der Grundfläche und deren Höhe gleich der Länge des Prismas ist. Man denkt sich das Prisma in der Seitenansicht unten längs aufgeschnitten und die Mantelfläche links und rechts nach oben ausgebreitet. Die Bestimmung der Punkte für die Öffnung an der Mantelfläche beginnt an der mittleren senkrechten Teilungslinie. Die Abmessungen a, b, c, d und e werden der Seitenansicht, die Abmessungen m, n, p und q der Draufsicht entnommen.

Durchdringung quadratisches Prisma — Zylinder

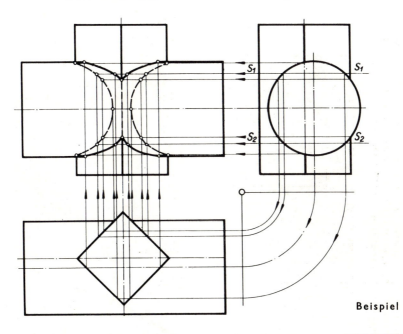

Beispiel

Durchdringung Zylinder — quadratisches Prisma

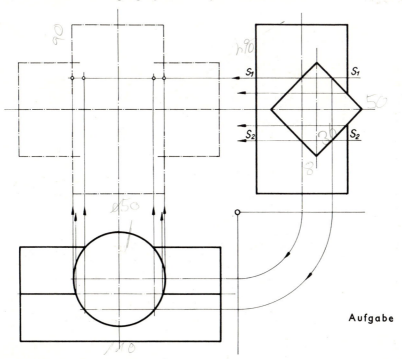

Aufgabe

Übertrage die Vorlage und ergänze die Vorderansicht! Zeichne die Mantelfläche des Zylinders und des Prismas!

Zylinder mit zylindrischem Loch

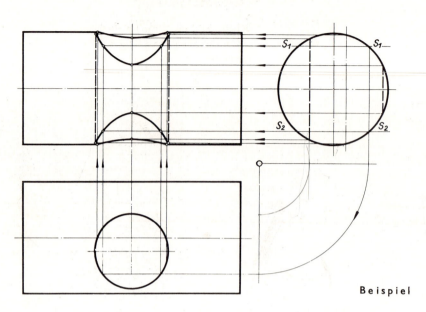

Beispiel

Zylinder mit zylindrischem Loch

Bis Donnerstag 26.09.

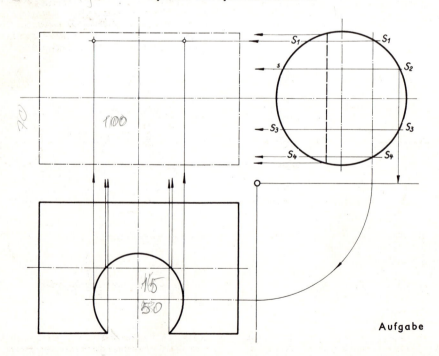

Aufgabe

Übertrage die Vorlage und ergänze die Vorderansicht! Zeichne die Mantelfläche des Körpers!

8. Grundaufgabe
Durchdringung Kegel — Zylinder
Die Achsen schneiden sich rechtwinklig.

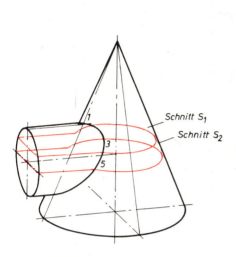

Bild 1. Räumliche Darstellung der Durchdringung Kegel — Zylinder mit eingezeichneten Schnittebenen S_1 und S_2.

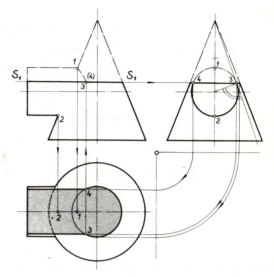

Bild 2. Projektion der Punkte 1 und 2 von der Vorderansicht in die Draufsicht und Ausführung des Schnittes S_1. Der Schnitt ist durch den Punkt gelegt, in dem eine Mantellinie des Kegels den Zylinderkreis tangiert. Dieser Schnitt ergibt die am weitesten vorspringenden Punkte 3 und 4 der Durchdringungskurve.

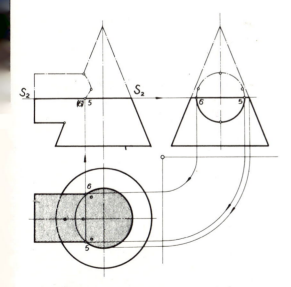

Bild 3. Ausführung des Schnittes S_2 zur Bestimmung der Punkte 5 und 6. Der Schnitt in der Vorder- und Seitenansicht ist durch die Mitte des Zylinders gelegt und ergibt in der Draufsicht die Kurvenpunkte auf den Mantellinien des Zylinders.

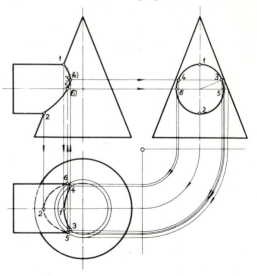

Bild 4. Die Verbindung der Punkte ergibt in der Draufsicht und Vorderansicht die Durchdringungskurve.

Sechseckige Pyramide mit sechseckigem Loch mit Abwicklung der Mantelfläche

Die Achsen der Pyramide und des Loches schneiden sich rechtwinklig.

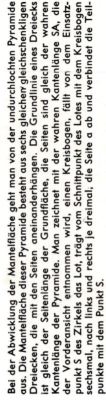

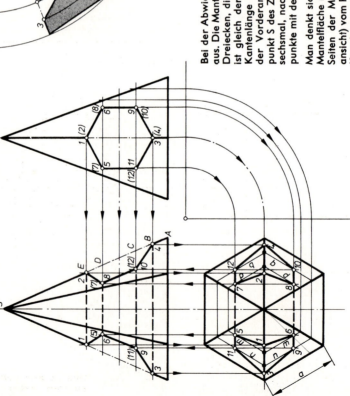

Bei der Abwicklung der Mantelfläche geht man von der undurchlochten Pyramide aus. Die Mantelfläche dieser Pyramide besteht aus sechs gleicher gleichschenkligen Dreiecken, die mit den Seiten aneinanderhängen. Die Grundlinie eines Dreiecks ist gleich der Seitenlänge der Grundfläche, die Seiten sind gleich der wahren Kantenlänge der Pyramide. Man zeichnet mit der wahren Kantenlänge SA, die der Vorderansicht entnommen wird, einen Kreisbogen, fällt von dem Einsatzpunkt S des Zirkels das Lot, trägt vom Schnittpunkt des Lotes mit dem Kreisbogen sechsmal, nach links und rechts je dreimal, die Seite a ab und verbindet die Teilpunkte mit dem Punkt S.

Man denkt sich den Körper in der Mitte der Seitenansicht aufgeschnitten und die Mantelfläche nach links und rechts ausgebreitet. Die Punkte 1 u. 3 liegen auf den Seiten der Mantelfläche im Abstand SE bzw. SB (entnommen aus der Vorderansicht) vom Punkt S. Zur Bestimmung der Punkte 5 und 6 zeichnet man um S einen Kreisbogen mit dem Radius SD (Vorderansicht) und in die äußeren Dreiecke die zu den Bogen gehörenden Sehnen. Diese Sehnen sind gleich der Seitenlänge der Grundfläche der entsprechenden Restpyramide. Die Punkte 5 und 6 liegen auf den Sehnen, von den Seiten der Mantelfläche um das Maß m, das der Draufsicht entnommen wird, entfernt. In ähnlicher Weise bestimmt man die Punkte 7 und 8 mit dem Maß p, die Punkte 9 und 11 sowie 10 und 12 mit dem Radius SC und den Maßen n und q. Die Punkte 2 und 4 liegen auf der Mittellinie der Mantelfläche im Abstand SE bzw. SB vom Punkt S.

Eine Durchlochung betrachtet man als die Durchdringung eines Vollkörpers mit einem Hohlkörper. Die Konstruktion der Durchdringungskurven und der Abwicklung ist daher die gleiche wie bei der Durchdringung von Vollkörpern.

Durchdringung Kegel — Zylinder

Die Kreislinie des Zylinders berührt in der Seitenansicht die Kegelseiten. Die Durchdringungskurven in der Vorderansicht sind in diesem Fall geradlinig.

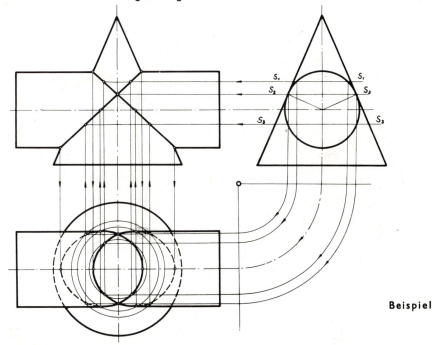

Beispiel

Durchdringung Kegel — Zylinder

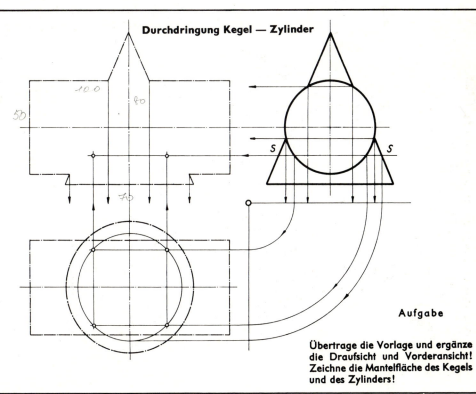

Aufgabe

Übertrage die Vorlage und ergänze die Draufsicht und Vorderansicht! Zeichne die Mantelfläche des Kegels und des Zylinders!

Sechseckige Pyramide mit rundem Loch

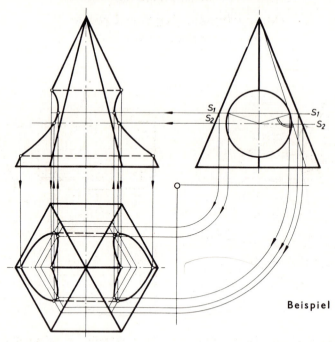

Beispiel

Dreieckige Pyramide mit rundem Loch

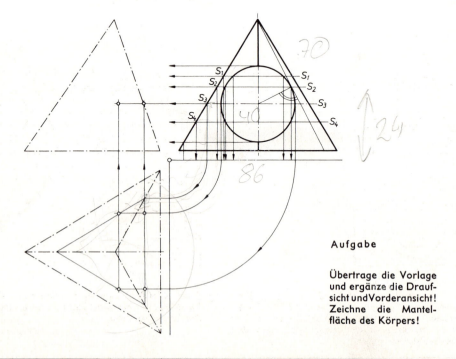

Aufgabe

Übertrage die Vorlage und ergänze die Draufsicht und Vorderansicht! Zeichne die Mantelfläche des Körpers!

9. Grundaufgabe
Durchdringung Kegel — Zylinder
Die Achsen kreuzen sich rechtwinklig.

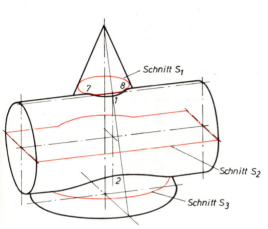

Bild 1. Räumliche Darstellung der Durchdringung Kegel — Zylinder mit eingezeichneten Schnittebenen S_1, S_2 und S_3.

Bild 2. Projektion der Punkte 1—2, 3—4 und 5—6 von der Seitenansicht in die Draufsicht und Vorderansicht. Die Punkte 1 und 2 liegen in der Vorderansicht und Draufsicht auf der senkrechten Mittellinie, die Punkte 3—4 und 5—6 liegen in der Vorderansicht auf den Mantellinien des Kegels.

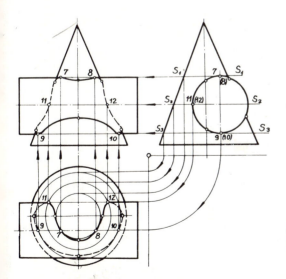

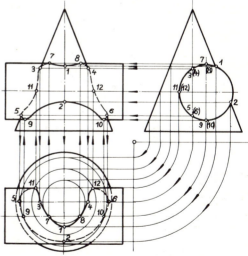

Bild 3. Ausführung der Schnitte S_1, S_2 und S_3. Die Schnitte S_1 und S_3 sind in der Seitenansicht durch die Schnittpunkte der senkrechten Mittellinie des Zylinders mit der Kreislinie, der Schnitt S_2 ist durch die Mitte des Zylinders gelegt.

Bild 4. Die Verbindung der Punkte mit dem Kurvenlineal ergibt in der Draufsicht und Vorderansicht die Durchdringungskurve.

Kegel mit sechseckigem Loch mit Abwicklung der Mantelfläche

Die Achsen des Kegels und des Loches kreuzen sich rechtwinklig.

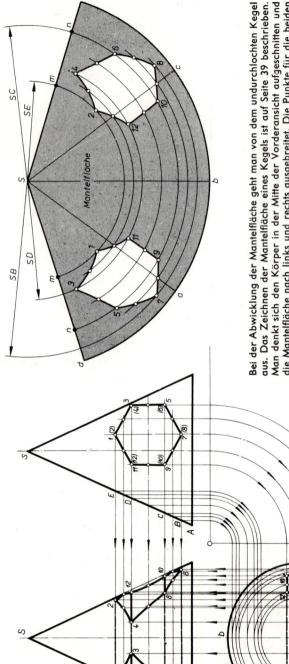

Bei der Abwicklung der Mantelfläche geht man von dem undurchlochten Kegel aus. Das Zeichnen der Mantelfläche eines Kegels ist auf Seite 39 beschrieben. Man denkt sich den Körper in der Mitte der Vorderansicht aufgeschnitten und die Mantelfläche nach links und rechts ausgebreitet. Die Punkte für die beiden Öffnungen in der Mantelfläche liegen auf den Kreisbogen, die mit den Radien der Restkegel, die sich durch die Schnitte ergeben, um den Punkt S beschrieben werden. Die Radien SB, SC, SD und SE werden der Seitenansicht entnommen. Die genaue Lage eines Punktes auf dem zugehörigen Kreisbogen ergibt sich aus der Draufsicht. Die Punkte 1 und 2 liegen auf dem Kreisbogen mit dem Radius SE, von den Seiten der Mantelfläche um den Bogen m-1 bzw. m-2 entfernt. Die Bogen m-1 und m-2 werden aus der Draufsicht in kleinen Teilen übertragen. Die Punkte 5 und 6 liegen auf dem Kreisbogen mit dem Radius SC, von den Seiten der Mantelfläche um den Bogen n-5 bzw. n-6 entfernt. Je kleiner das aus der Draufsicht zu übertragende Bogenmaß ist, um so größer ist die Genauigkeit. Daher nimmt man zweckmäßig den kleinsten Bogen, für die Punkte 1 und 2 also den Bogen von 1 bzw. 2 bis zur waagerechten Mittellinie, der vom Schnittpunkt des Kreisbogens mit dem Strahl Sa bzw. Sc abgetragen wird. In ähnlicher Weise lassen sich alle übrigen Punkte für die Öffnungen leicht bestimmen.

Um das Bild nicht zu sehr zu verwirren, ist nur ein Teil der Punkte mit Zahlen gekennzeichnet.

Durchdringung Kegel — quadratisches Prisma

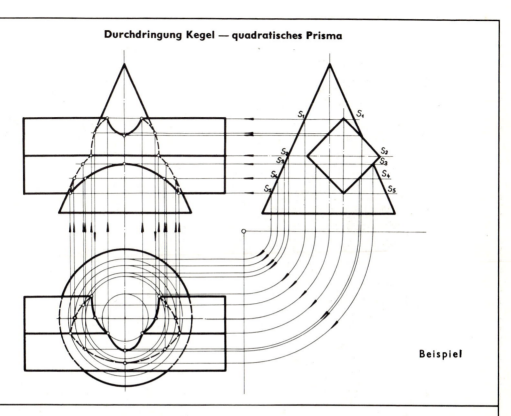

Beispiel

Durchdringung Kegel — dreieckiges Prisma

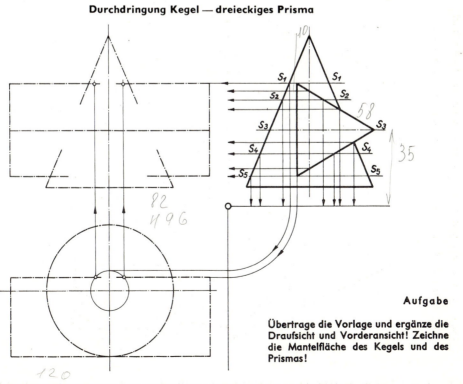

Aufgabe

Übertrage die Vorlage und ergänze die Draufsicht und Vorderansicht! Zeichne die Mantelfläche des Kegels und des Prismas!

Dreieckige Pyramide mit rundem Loch

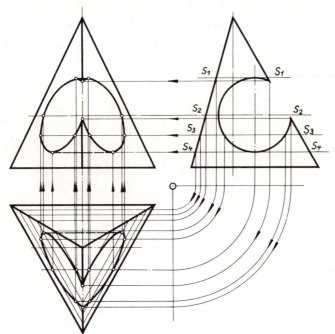

Beispiel

Kegel mit rundem Loch

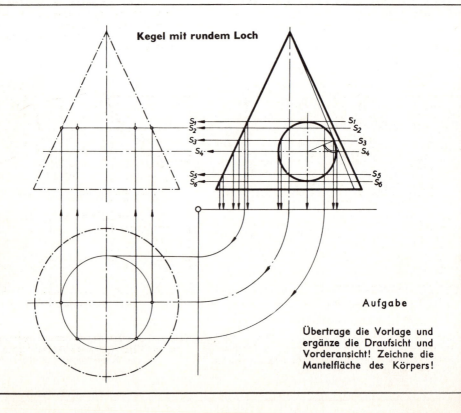

Aufgabe

Übertrage die Vorlage und ergänze die Draufsicht und Vorderansicht! Zeichne die Mantelfläche des Körpers!

10. Grundaufgabe
Durchdringung zylindrischer Ring — Zylinder

Die Achse des Zylinders berührt die neutrale Faser des zylindrischen Ringes.

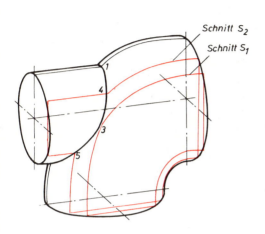

Bild 1. Räumliche Darstellung der Durchdringung zylindrischer Ring—Zylinder mit eingezeichneten Schnittebenen S_1 und S_2.

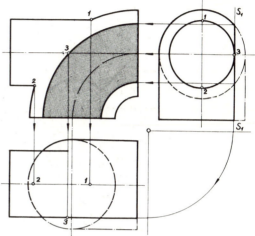

Bild 2. Projektion der Punkte 1 und 2 von der Vorderansicht in die Draufsicht. Ferner Ausführung des Schnittes S_1 zur Bestimmung des Punktes 3. Der Schnitt ist in der Seitenansicht durch den Schnittpunkt der waagerechten Mittellinie mit der Kreislinie des Zylinders gelegt.

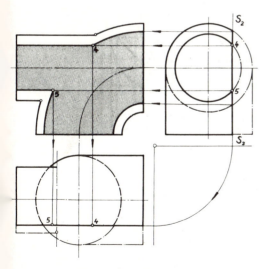

Bild 3. Ausführung des Schnittes S_2 zur Bestimmung der Punkte 4 und 5. Die Schnittfläche des zylindrischen Ringes ist ein Kreisring, die Schnittfläche des Zylinders ist ein Rechteck.

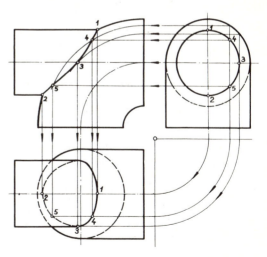

Bild 4. Die Verbindung der Punkte ergibt in der Draufsicht und Vorderansicht die Durchdringungskurve.

Durchdringung zylindrischer Ring — Zylinder

Die Achse des Zylinders schneidet die neutrale Faser und die Drehachse des zylindrischen Ringes.

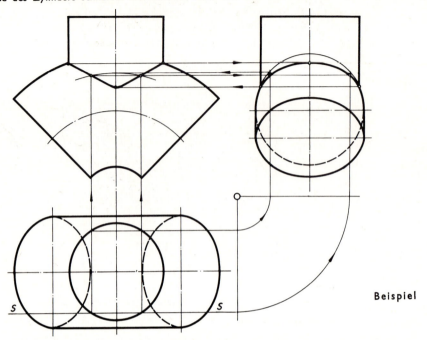

Beispiel

Durchdringung zylindrischer Ring — quadratisches Prisma

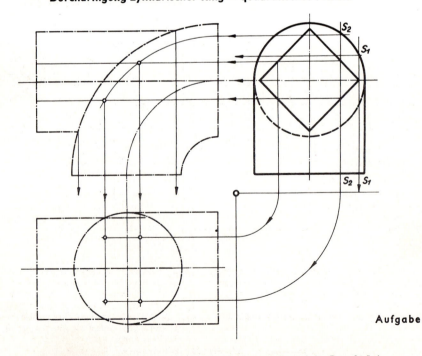

Aufgabe

Übertrage die Vorlage und ergänze die Vorderansicht und die Draufsicht!

11. Grundaufgabe
Durchdringung Kugel — Zylinder
Die Drehachse des Zylinders geht nicht durch den Kugelmittelpunkt.

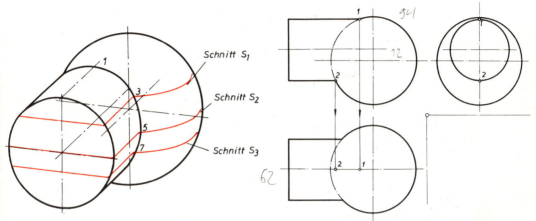

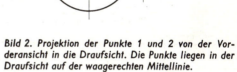

Bild 1. Räumliche Darstellung der Durchdringung Kugel — Zylinder mit eingezeichneten Schnittebenen S_1, S_2 und S_3.

Bild 2. Projektion der Punkte 1 und 2 von der Vorderansicht in die Draufsicht. Die Punkte liegen in der Draufsicht auf der waagerechten Mittellinie.

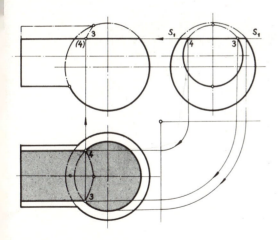

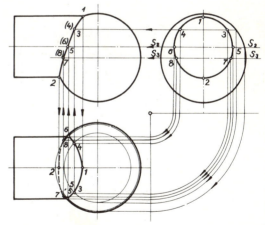

Bild 3. Ausführung des Schnittes S_1 zur Bestimmung der Punkte 3 und 4. Die Schnittfläche der Kugel ist ein Kreis, die Schnittfläche des Zylinders ein Rechteck. Die Punkte werden in der Draufsicht bestimmt und von der Draufsicht in die Vorderansicht projiziert.

Bild 4. Ausführung des Schnittes S_2 durch die Mitte des Zylinders zur Bestimmung der Punkte 5 und 6 auf den Mantellinien des Zylinders und des Schnittes S_3 durch die Kugelmitte zur Bestimmung der Punkte 7 und 8 auf dem Kugelkreis. Die Verbindung der Punkte ergibt in der Draufsicht und Vorderansicht die Durchdringungskurve.

Durchdringung Kugel — quadratisches Prisma
Die Längsachse des Prismas geht durch den Kugelmittelpunkt.

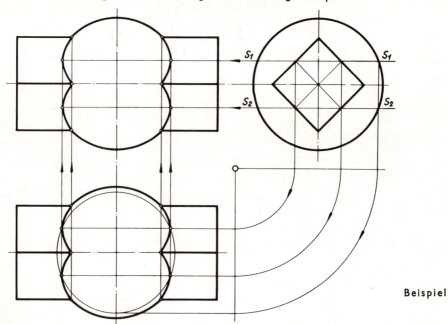

Beispiel

Kugel mit dreieckigem Loch
Die Längsachse des Loches geht durch den Kugelmittelpunkt.

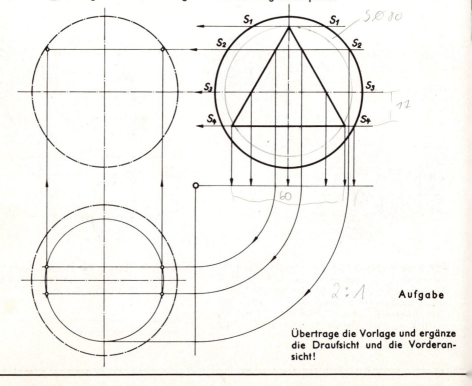

Aufgabe

Übertrage die Vorlage und ergänze die Draufsicht und die Vorderansicht!

12. Grundaufgabe

Durchdringung Kugel — Kegel

Die Achse des Kegels geht nicht durch den Kugelmittelpunkt.

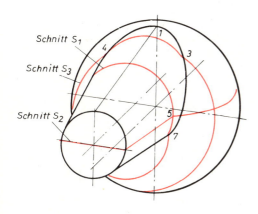

Bild 1. Räumliche Darstellung der Durchdringung Kugel — Kegel mit eingezeichneten Schnittebenen S_1, S_2 und S_3.

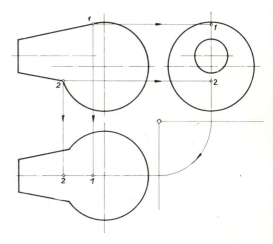

Bild 2. Projektion der Punkte 1 und 2 von der Vorderansicht in die Draufsicht und Seitenansicht.

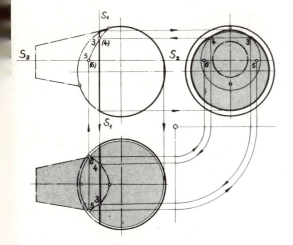

Bild 3. Ausführung der Schnitte S_1 und S_2. Der senkrechte Schnitt S_1 durch die Vorderansicht ergibt in der Seitenansicht Kreise, deren Schnittpunkte 3 und 4 in die Draufsicht und Vorderansicht projiziert werden. Der waagerechte Schnitt S_2 durch die Kegelmitte ergibt in der Draufsicht die Punkte 5 und 6 auf den Mantellinien des Kegels.

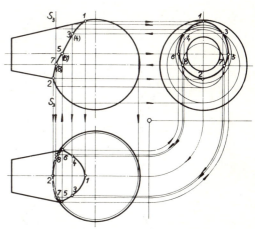

Bild 4. Ausführung des Schnittes S_3 und Verbindung der Kurvenpunkte. Der Schnitt S_3 ergibt die Punkte 7 und 8 in der Nähe des Kugelkreises.

Durchdringung Kugel — quadratische Pyramide

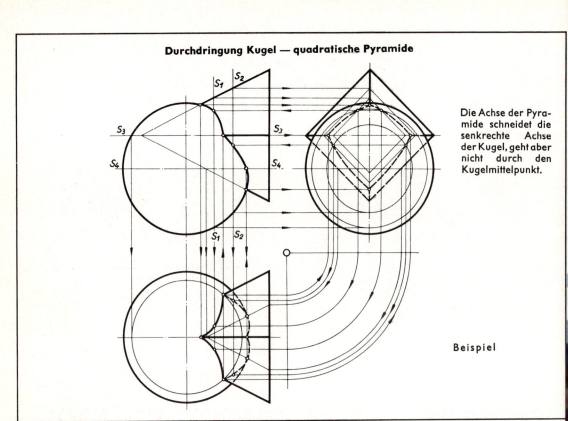

Die Achse der Pyramide schneidet die senkrechte Achse der Kugel, geht aber nicht durch den Kugelmittelpunkt.

Beispiel

Durchdringung Kugel — Kegel

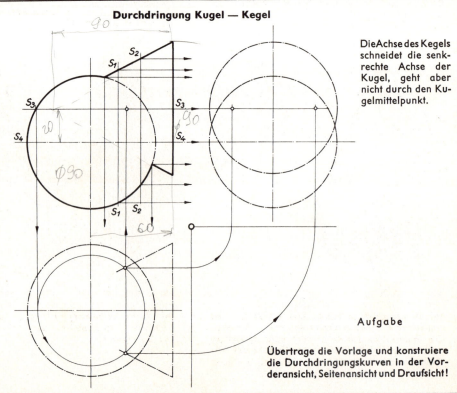

Die Achse des Kegels schneidet die senkrechte Achse der Kugel, geht aber nicht durch den Kugelmittelpunkt.

Aufgabe

Übertrage die Vorlage und konstruiere die Durchdringungskurven in der Vorderansicht, Seitenansicht und Draufsicht!

13. Grundaufgabe
Durchdringung Kegel — Pyramide
Die Achsen laufen parallel.

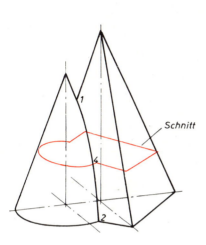

Bild 1. Räumliche Darstellung der Durchdringung Kegel — Pyramide mit eingezeichneter Schnittebene.

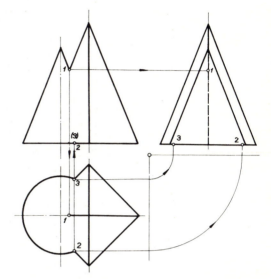

Bild 2. Projektion des Punktes 1 von der Vorderansicht in die Draufsicht und Seitenansicht und der Punkte 2 und 3 von der Draufsicht in die Vorderansicht und Seitenansicht.

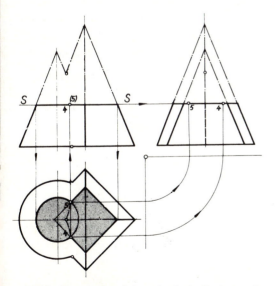

Bild 3. Waagerechter Schnitt durch die Vorder- und Seitenansicht zur Bestimmung der Punkte 4 und 5. Die Schnittfläche des Kegels ist ein Kreis, die der Pyramide ein der Grundfläche ähnliches Vieleck. Die Punkte werden in der Draufsicht bestimmt und dann in die Vorder- und Seitenansicht projiziert.

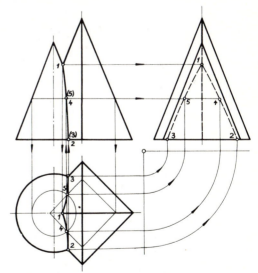

Bild 4. Die Verbindung der Punkte ergibt in der Draufsicht, Vorderansicht und Seitenansicht die Durchdringungskurve.

Durchdringung quadratische Pyramide — sechseckige Pyramide
Die Achsen laufen parallel.

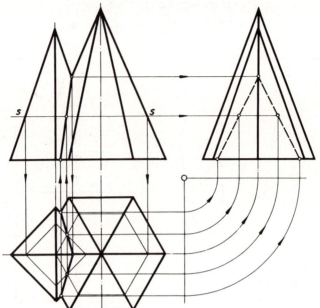

Beispiel

Durchdringung Kegel — Kegel
Die Achsen laufen parallel.

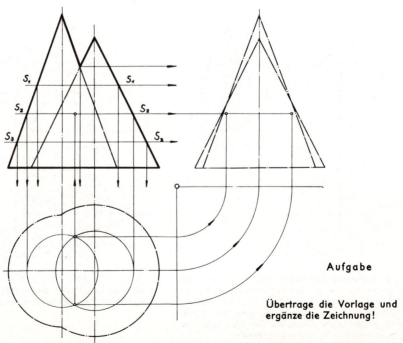

Aufgabe

Übertrage die Vorlage und ergänze die Zeichnung!

14. Grundaufgabe

Durchdringung zweier Kegel

Die Achsen schneiden sich rechtwinklig.

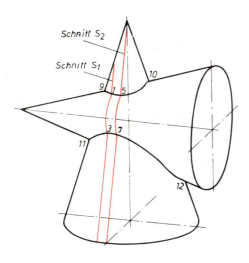

Bild 1. Räumliche Darstellung der Durchdringung Kegel — Kegel mit eingezeichneten Schnittebenen S_1 und S_2.

Bild 2. Ausführung des Schnittes S_1 zur Bestimmung der Punkte 1—2—3 und 4. Die Schnittfläche des senkrechten Kegels ist eine Hyperbel, die des waagerechten Kegels ein Kreis. Die Punkte werden von der Seitenansicht in die Draufsicht und Vorderansicht projiziert.

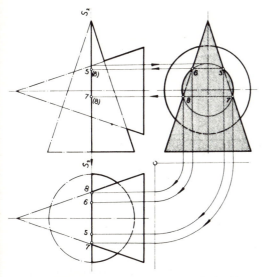

Bild 3. Ausführung des Schnittes S_2 durch die Mitte des senkrechten Kegels zur Bestimmung der Punkte 5—6—7 und 8. Die Schnittfläche des senkrechten Kegels ist ein Dreieck, die des waagerechten Kegels ein Kreis. Die Punkte werden von der Seitenansicht in die Draufsicht und Vorderansicht projiziert.

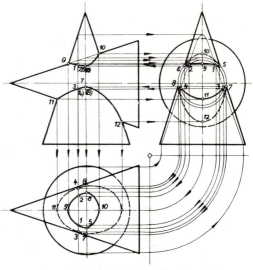

Bild 4. Projektion der Punkte 9—10—11 und 12 von der Vorderansicht in die Draufsicht und Seitenansicht und Verbindung der Kurvenpunkte.

Durchdringung quadratische Pyramide — Kegel

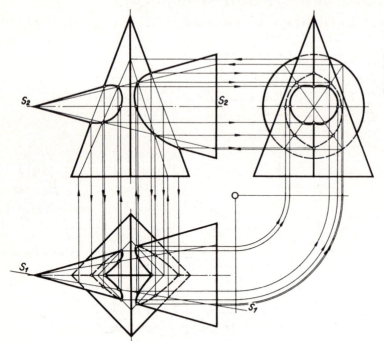

Bei der Lösung dieser Aufgabe ist erstmals ein schräger Schnitt angewandt. Der Schnitt S_1 in der Draufsicht durch die Kegelspitze ergibt als Schnittfläche ein Dreieck.

Beispiel

Kegel mit kegeligem Loch

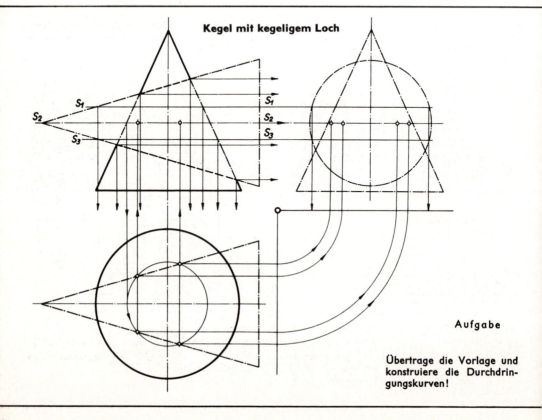

Aufgabe

Übertrage die Vorlage und konstruiere die Durchdringungskurven!

3.3 Schiefwinklige Durchdringungen

Bei schiefwinkligen Durchdringungen werden außer senkrechten und waagerechten auch schräge Schnitte angewandt. Eine Regel läßt sich nicht aufstellen.

15. Grundaufgabe
Durchdringung Kegel — Zylinder

Die Achsen schneiden sich schiefwinklig.

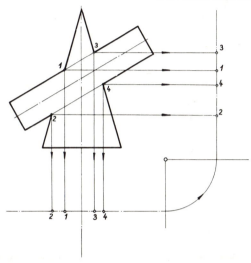

Bild 1. Projektion der Punkte 1—2—3 und 4 von der Vorderansicht in die Draufsicht und Seitenansicht. Die Punkte liegen in beiden Ansichten auf der Mittellinie.

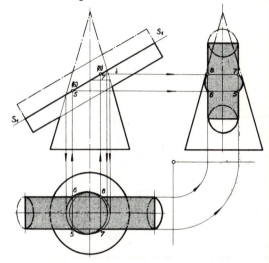

Bild 2. Der Schnitt S_1 ist durch die Mitte des Zylinders gelegt. Die Schnittfläche des Zylinders ist ein Rechteck, die des Kegels eine Ellipse.

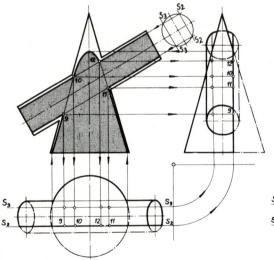

Bild 3. Der Schnitt S_2 verläuft parallel zu den Körperachsen. Die Schnittfläche des Kegels ist eine Hyperbel, die des Zylinders ein Rechteck. Mit dem Schnitt S_3 werden die entsprechenden gegenüberliegenden Punkte bestimmt.

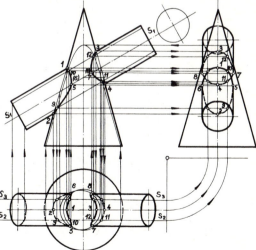

Bild 4. Die Verbindung der Punkte ergibt in der Draufsicht, Vorderansicht und Seitenansicht die Durchdringungskurve.

Weitere schiefwinklige Durchdringungen

Durchdringung zweier Zylinder
Die Achsen schneiden sich schiefwinklig.

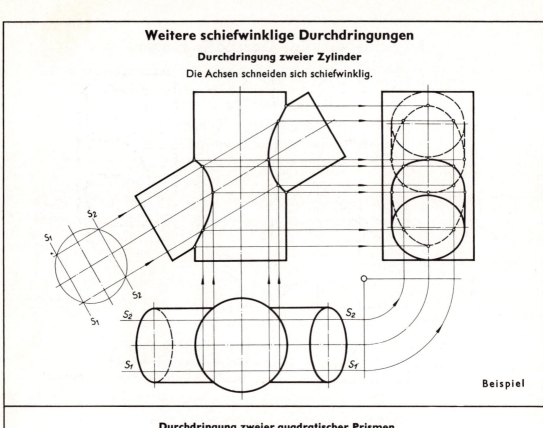

Beispiel

Durchdringung zweier quadratischer Prismen
Die Achsen schneiden sich schiefwinklig.

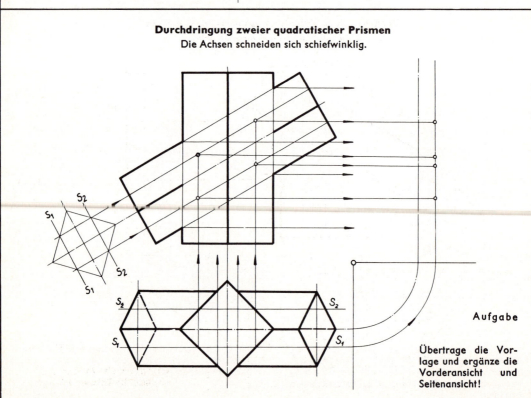

Aufgabe

Übertrage die Vorlage und ergänze die Vorderansicht und Seitenansicht!

Durchdringung zweier Zylinder
Die Achsen kreuzen sich schiefwinklig.

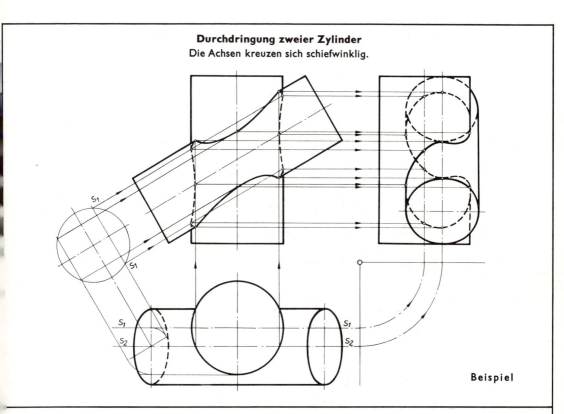

Beispiel

Durchdringung Zylinder — quadratisches Prisma
Die Achsen kreuzen sich schiefwinklig.

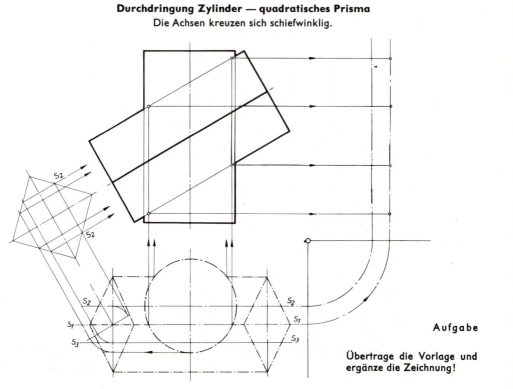

Aufgabe

Übertrage die Vorlage und
ergänze die Zeichnung!

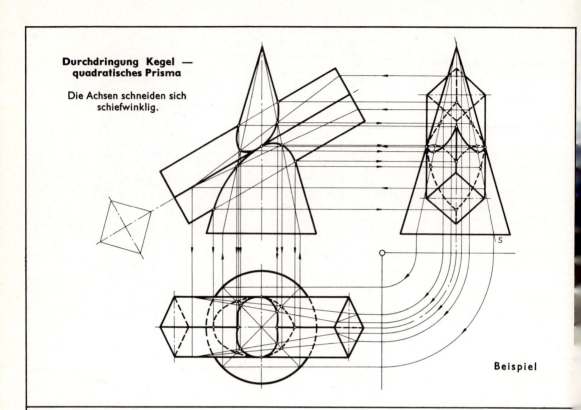

Durchdringung Kegel — quadratisches Prisma

Die Achsen schneiden sich schiefwinklig.

Beispiel

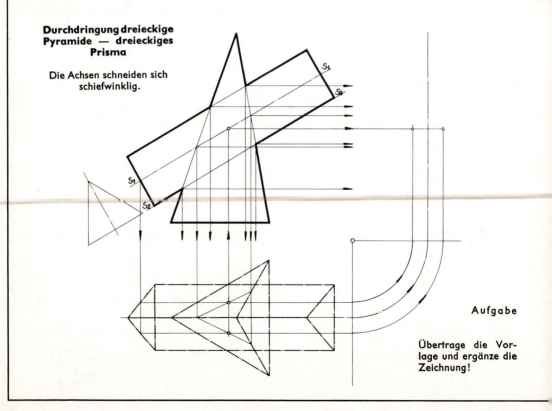

Durchdringung dreieckige Pyramide — dreieckiges Prisma

Die Achsen schneiden sich schiefwinklig.

Aufgabe

Übertrage die Vorlage und ergänze die Zeichnung!

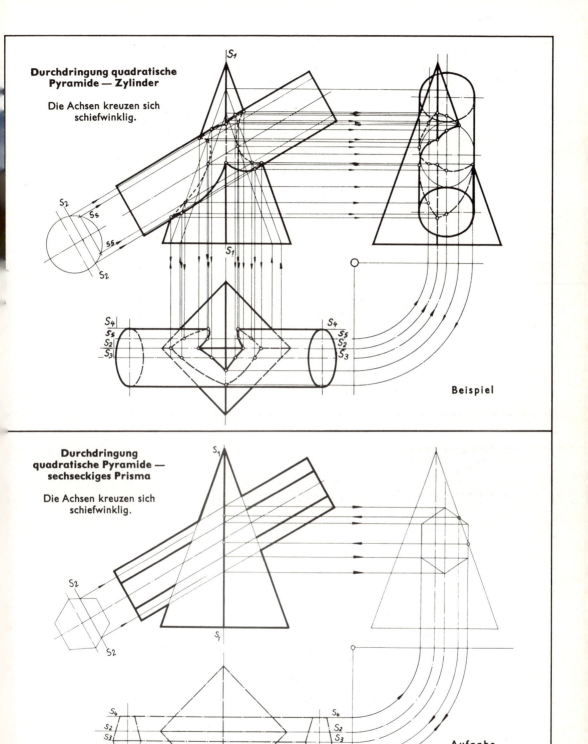

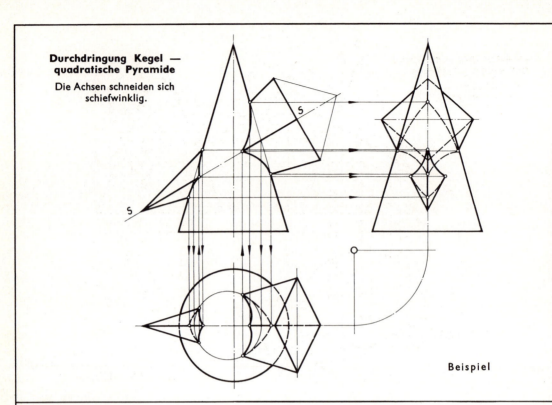

Durchdringung Kegel — quadratische Pyramide

Die Achsen schneiden sich schiefwinklig.

Beispiel

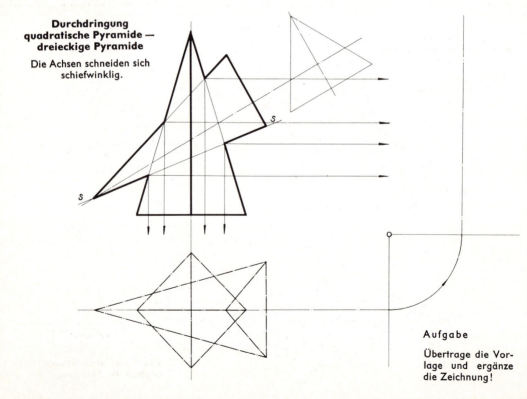

Durchdringung quadratische Pyramide — dreieckige Pyramide

Die Achsen schneiden sich schiefwinklig.

Aufgabe

Übertrage die Vorlage und ergänze die Zeichnung!

Durchdringung Kegel — quadratische Pyramide

Die Achsen kreuzen sich schiefwinklig.

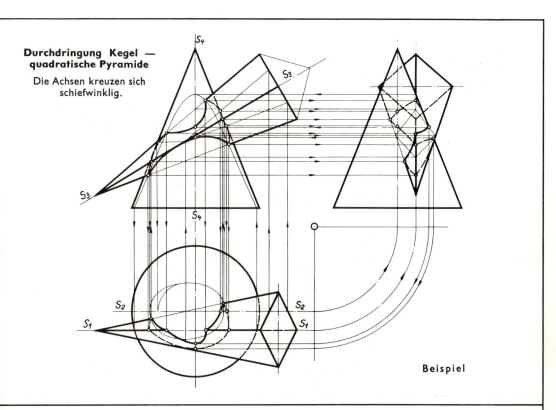

Beispiel

Durchdringung dreieckige Pyramide — quadratische Pyramide

Die Achsen kreuzen sich schiefwinklig.

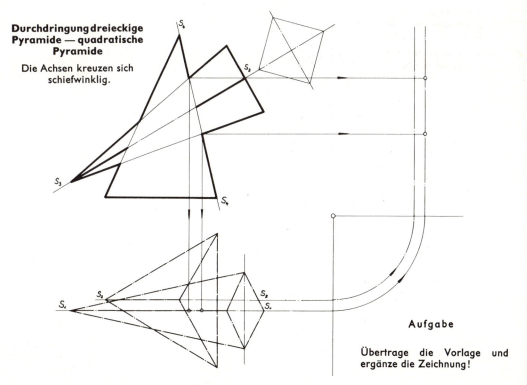

Aufgabe

Übertrage die Vorlage und ergänze die Zeichnung!

3.4 Die Konstruktion von Durchdringungskurven nach dem Kugelkreisverfahren

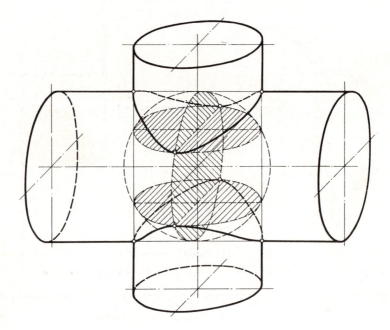

1. Das Kugelkreisverfahren ist ein weiteres, in der Anwendung sehr einfaches Verfahren zur Konstruktion von Durchdringungskurven.
2. Das Kugelkreisverfahren ist beschränkt auf die Durchdringung von Rundkörpern, deren Achsen sich schneiden.
3. Die Konstruktion der Kurve erfolgt in einer Ansicht. Es ist möglich, die Durchdringungskurve in die anderen Ansichten zu projizieren.
4. Das Verfahren beruht darauf, daß man sich Kugeln verschiedener Durchmesser in den Durchdringungsbereich gelegt denkt, wobei der Mittelpunkt der Kugeln mit dem Schnittpunkt der Körperachsen zusammenfällt. Die Oberflächen der Kugeln schneiden die Oberflächen der einander durchdringenden Körper in Kreisen senkrecht zu deren Körperachsen. Die Schnittpunkte dieser Kugelkreise gehören beiden Körpern an und sind somit Punkte der Durchdringungskurve.
5. Das obige Bild zeigt die Konstruktion der Scheitelpunkte der Durchdringungskurven zweier Zylinder. Der Kugeldurchmesser ist in diesem Fall gleich dem Durchmesser des größeren (waagerechten) Zylinders. Die Kugelfläche schneidet die Oberfläche des kleineren (senkrechten) Zylinders in zwei waagerechten Kreisen und berührt die Oberfläche des größeren (waagerechten) Zylinders in einem senkrechten Kreis. Die Schnittpunkte des senkrechten mit den waagerechten Kreisen ergeben die Scheitelpunkte der beiden Durchdringungskurven.
6. Bei der Konstruktion weiterer Punkte wählt man (im obigen Fall) den Kugeldurchmesser größer als den Durchmesser des größeren Zylinders, jedoch nicht größer als die Diagonale des von den Zylinderseiten gebildeten Rechtecks.
7. Bei der praktischen Anwendung des Verfahrens (vgl. Seiten 81-86) schlägt man um den Schnittpunkt der Körperachsen Kreise, die so groß sein müssen, daß sie in den Durchdringungsbereich die Umrißlinien der beiden Körper schneiden bzw. berühren. Durch die Schnittpunkte der Kreise mit den Körperseiten zeichnet man die Senkrechten zu den zugehörigen Körperachsen. Die Schnittpunkte von zusammengehörigen Senkrechten sind Punkte der Durchdringungskurve.

Durchdringung Zylinder — Zylinder
Kugelkreisverfahren
Die Achsen schneiden sich rechtwinklig.

Beispiel

Zylinder mit drei zylindrischen Stutzen
Die Achsen schneiden sich rechtwinklig.

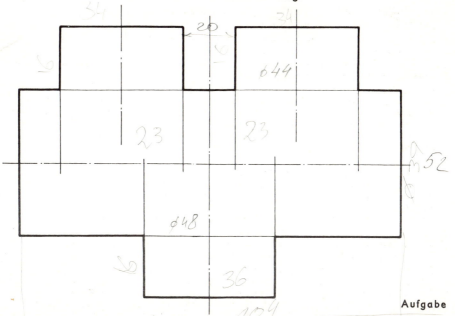

Aufgabe

Übertrage die Vorlage und konstruiere die Durchdringungskurven nach dem Kugelkreisverfahren!

Durchdringung Kegel — Kegel
Kugelkreisverfahren
Die Achsen schneiden sich rechtwinklig.

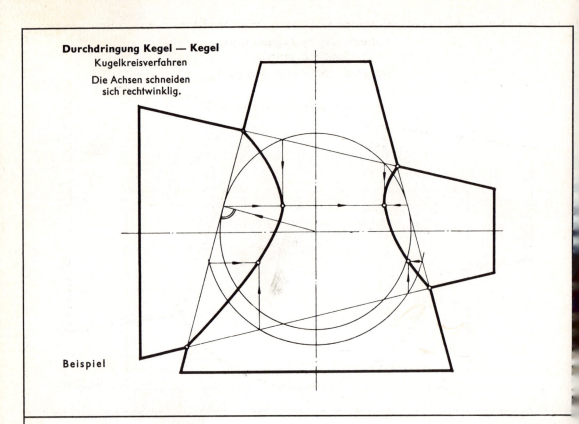

Beispiel

Durchdringung Kegel — Zylinder
Die Achsen schneiden sich rechtwinklig.

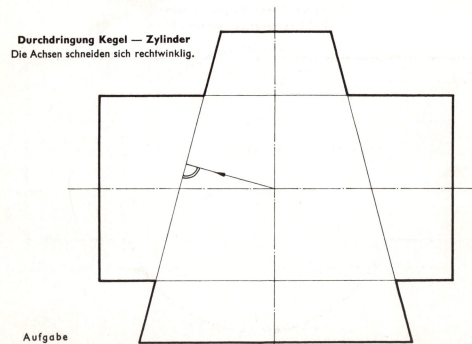

Aufgabe

Übertrage die Vorlage und konstruiere die Durchdringungskurven nach dem Kugelkreisverfahren!

Durchdringung Kugel — Kegel
Kugelkreisverfahren
Die Achsen schneiden sich rechtwinklig.

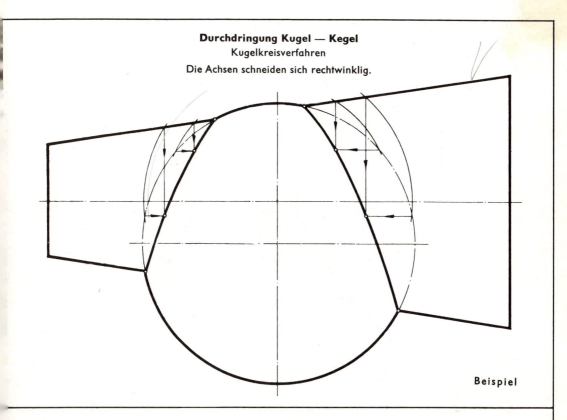

Beispiel

Durchdringung Kugel — Zylinder
Die Achsen schneiden sich rechtwinklig.

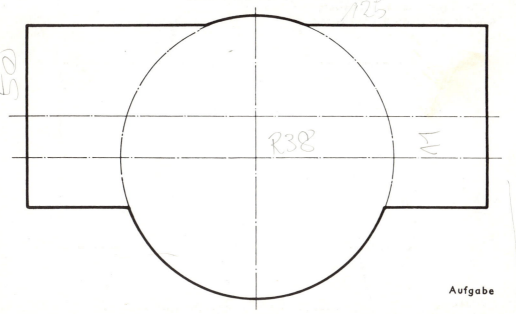

Aufgabe

Übertrage die Vorlage und konstruiere die Durchdringungskurven nach dem Kugelkreisverfahren!

Durchdringung Zylinder — Zylinder
Kugelkreisverfahren
Die Achsen schneiden sich schiefwinklig.

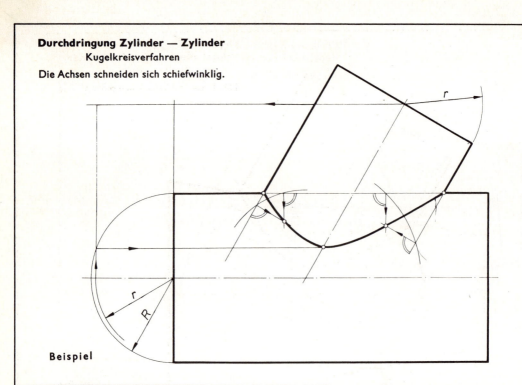

Beispiel

Durchdringung Zylinder — Zylinder
Die Achsen schneiden sich schiefwinklig.

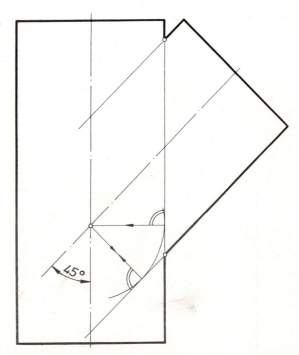

Aufgabe

Übertrage die Vorlage und konstruiere die Durchdringungskurve nach dem Kugelkreisverfahren!

Durchdringung Kegel — Zylinder
Kugelkreisverfahren
Die Achsen schneiden sich schiefwinklig.

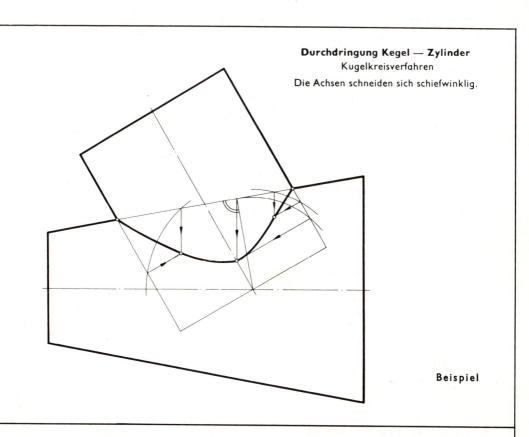

Beispiel

Durchdringung Zylinder — Kegel
Die Achsen schneiden sich schiefwinklig.

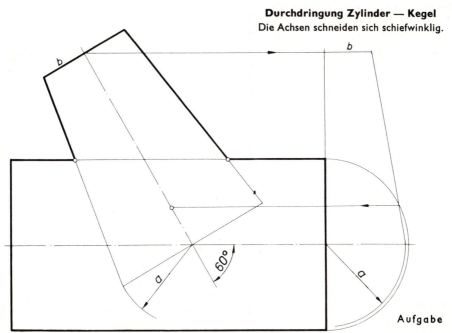

Aufgabe

Übertrage die Vorlage und konstruiere die Durchdringungskurve nach dem Kugelkreisverfahren!

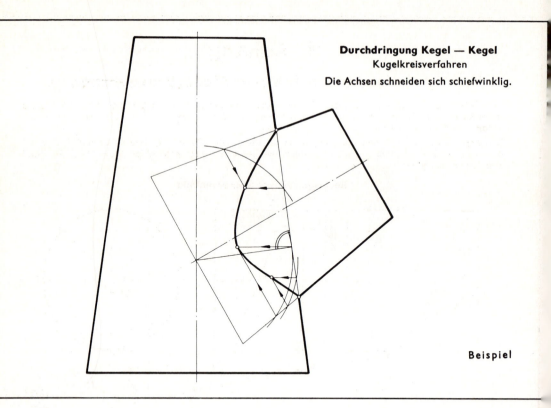

Durchdringung Kegel — Kegel
Kugelkreisverfahren
Die Achsen schneiden sich schiefwinklig.

Beispiel

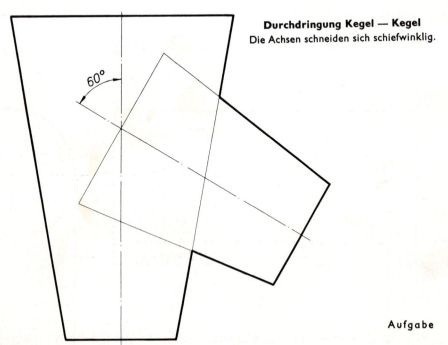

Durchdringung Kegel — Kegel
Die Achsen schneiden sich schiefwinklig.

Aufgabe

Übertrage die Vorlage und konstruiere die Durchdringungskurve nach dem Kugelkreisverfahren!

4. Anhang

4.1 Schraubenlinie, Schraubenfläche, Schraubengang

Eine Schraubenlinie wird von einem Punkt beschrieben, der sich auf der Oberfläche eines Zylinders in der Richtung der Zylinderachse gleichförmig um den Zylinder bewegt. Der senkrechte Abstand zwischen Anfang und Ende eines Umganges ist die Steigung.

Konstruktion: Kreisumfang und Steigung in gleiche Anzahl (8 oder 12) Teile teilen und fortlaufend numerieren. Die Schnittpunkte gleichzahliger waagerechter und senkrechter Projektionslinien sind Punkte der Schraubenlinie.

Rechtsgewundene Schraubenlinie

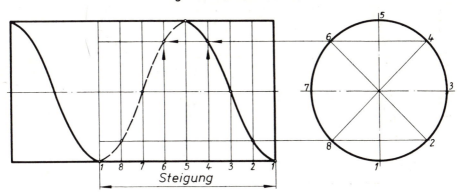

Beispiel

Linksgewundene Schraubenlinie

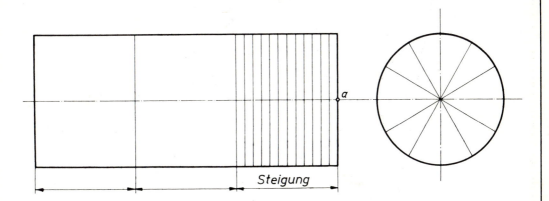

Aufgabe

Übertrage die Vorlage und zeichne die linksgewundene Schraubenlinie, die bei „a" beginnen soll. Die Teilpunkte in der Vorder- und Seitenansicht sind der Aufgabe entsprechend zu numerieren!

Linksgewundene Schraubenfläche

Eine Schraubenfläche entsteht, wenn sich eine Strecke a—b so um einen Zylinder bewegt, daß ein Endpunkt (b) der Strecke auf dem Zylinder eine Schraubenlinie durchläuft und die Verlängerung der Strecke stets durch die Zylinderachse geht. Die Schraubenfläche hat zwei Schraubenlinien.

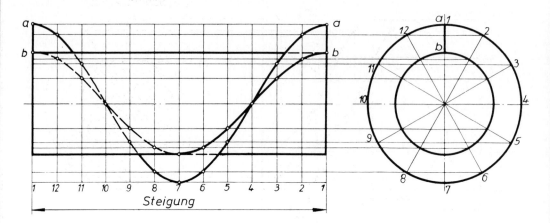

Beispiel

Rechtsgewundene Schraubenfläche

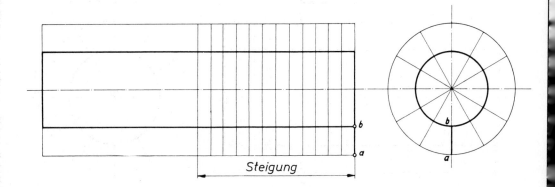

Aufgabe

Übertrage die Vorlage und zeichne die rechtsgewundene Schraubenfläche, die bei a—b beginnen soll. Die Teilpunkte in der Vorder- und Seitenansicht sind der Aufgabe entsprechend zu numerieren.

Rechtsgewundener flacher Schraubengang

Ein flacher Schraubengang entsteht, wenn sich ein Rechteck so um einen Zylinder bewegt, daß zwei nebeneinanderliegende Eckpunkte des Rechtecks auf dem Zylinder Schraubenlinien beschreiben, während die Verlängerungen der senkrechten Seiten des Rechtecks stets durch die Zylinderachse gehen. Der flache Schraubengang hat vier Schraubenlinien.

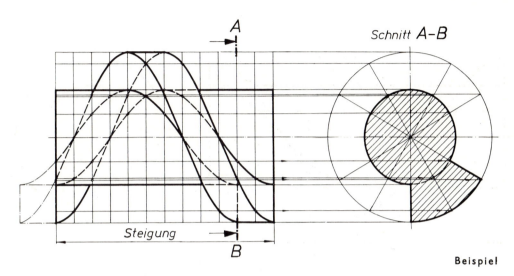

Beispiel

Linksgewundener flacher Schraubengang

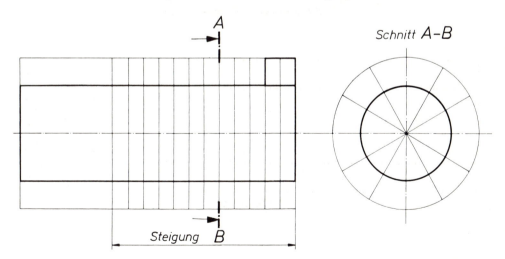

Aufgabe

Übertrage die Vorlage und zeichne den linksgewundenen flachen Schraubengang und den Schnitt A—B!

Rechtsgewundener scharfer Schraubengang

Ein **scharfer Schraubengang** entsteht, wenn sich ein gleichschenkliges Dreieck so um einen Zylinder bewegt, daß die Endpunkte der Grundlinie auf dem Zylinder Schraubenlinien beschreiben, während die Verlängerungen der Schenkel des Dreiecks stets durch die Zylinderachse gehen. Der scharfe Schraubengang hat **drei** Schraubenlinien.

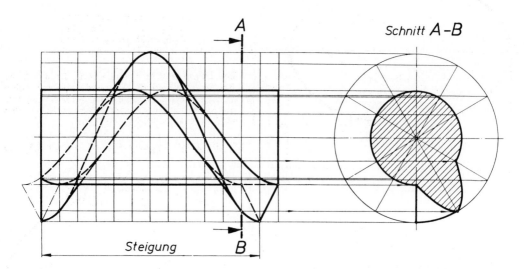

Beispiel

Linksgewundener scharfer Schraubengang

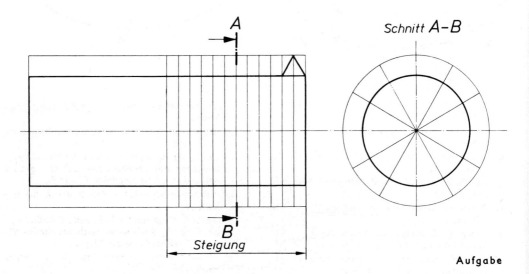

Aufgabe

Übertrage die Vorlage und zeichne den linksgewundenen scharfen Schraubengang und den Schnitt A—B!

4.2 Kegelschnitte

Die Ellipse

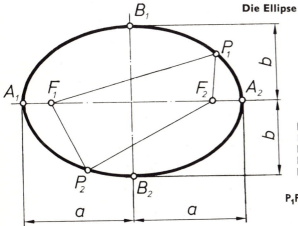

A_1, A_2, B_1, B_2 = Scheitelpunkte
$A_1 A_2 = 2a$ = große Achse
$B_1 B_2 = 2b$ = kleine Achse
F_1 und F_2 = Brennpunkte

Die Ellipse ist eine ebene Kurve, die durch die Brennpunkte und die Länge der großen Achse bestimmt ist. Die Ellipse besteht aus allen Punkten, bei denen die Summe ihrer Entfernungen von den beiden Brennpunkten gleich $2a$ ist.

$$P_1F_1 + P_1F_2 = P_2F_1 + P_2F_2 = A_1F_1 + A_1F_2 = A_2F_2 + A_2F_1 = 2a$$

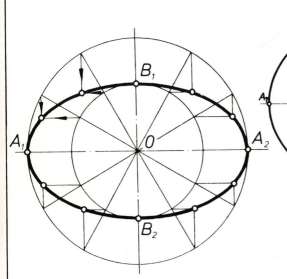

1. Konstruktion, gegeben große und kleine Achse.
a) Große und kleine Achse zeichnen; Punkte A_1, A_2, B_1 und B_2.
b) Um Punkt O mit den Radien A_1O und B_1O Kreise zeichnen.
c) Durch Punkt O (um 30° versetzte) Strahlen zeichnen.
d) Durch die Schnittpunkte der Strahlen mit den Kreisen die Parallelen zu den Achsen zeichnen.
e) Die Schnittpunkte von zusammengehörigen Parallelen sind Punkte der Ellipse.

2. Konstruktion, gegeben große und kleine Achse.
a) Große und kleine Achse zeichnen; Punkte A_1, A_2, B_1 und B_2.
b) Um Punkt B_1 mit Radius $a = A_1O$ Kreisbogen zeichnen; die Schnittpunkte auf der großen Achse sind die Brennpunkte F_1 und F_2.
c) Auf der großen Achse den Punkt X beliebig festlegen.
d) Mit Radius A_1X um Punkt F_1 und mit Radius A_2X um Punkt F_2 Kreisbogen zeichnen. Ihr Schnittpunkt P ist ein Punkt der Ellipse.
e) Weitere Punkte werden in der gleichen Weise konstruiert.

Aufgabe: Zeichne nach den beiden Konstruktionen Ellipsen mit den Maßen $a = 4,5$ cm und $b = 3$ cm!

Die Parabel

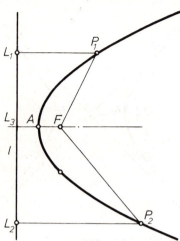
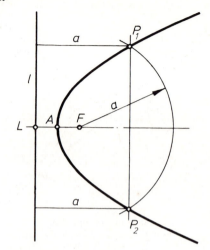

l = Leitlinie
F = Brennpunkt
A = Scheitelpunkt

Die Parabel ist eine ebene Kurve, bei der jeder Punkt von dem Brennpunkt F und der Leitlinie l den gleichen Abstand hat.

$P_1F = P_1L_1$
$P_2F = P_2L_2$
$AF = AL_3$

1. Konstruktion, gegeben l und F.

a) Leitlinie l und zu l Senkrechte zeichnen und Brennpunkt F festlegen.
b) Um Punkt F mit beliebigem Radius a Kreisbogen zeichnen.
c) Zur Leitlinie l im Abstand a Parallele zeichnen; die Schnittpunkte P_1 und P_2 der Parallelen mit dem Kreisbogen sind Punkte der Parabel.
d) Der Scheitelpunkt A liegt in der Mitte von FL.

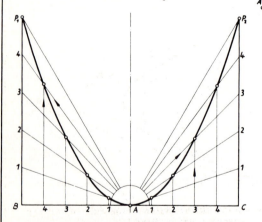
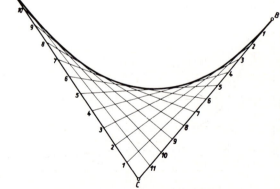

2. Konstruktion (Punktkonstruktion), gegeben Punkte P_1, P_2 und A.

a) AB und AC in gleiche Anzahl Teile teilen und von A aus laufend numerieren.
b) BP_1 und CP_2 in die gleiche Anzahl Teile wie AB teilen und von B und C aus laufend numerieren.
c) Von A aus durch die Teilpunkte auf BP_1 und CP_2 Strahlen zeichnen und in den Teilpunkten auf AB und AC die Senkrechten errichten.
d) Die Schnittpunkte von gleichzahligen Strahlen und Senkrechten sind Punkte der Parabel.

3. Konstruktion (Tangentenkonstruktion), gegeben Tangenten AC und BC.

a) Tangenten AB und AC in gleiche Anzahl Teile teilen.
b) Teilpunkte von B und C aus laufend numerieren.
c) Gleichzahlige Teilpunkte auf AC und BC miteinander verbinden.
d) Jede dieser Verbindungslinien ist Tangente der Parabel, berührt diese also in einem Punkt.
e) Dementsprechend Parabel mit Kurvenlineal ausziehen.

Aufgabe: Zeichne nach der 1. Konstruktion die Parabel für FL = 1,5 cm!

Die Hyperbel

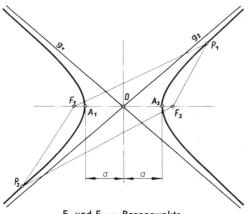

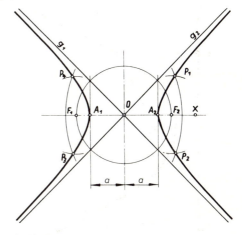

F_1 und F_2 = Brennpunkte
A_1 und A_2 = Scheitelpunkte
$F_1 F_2$ = Hauptachse
g_1 und g_2 = Asymptoten

Die Hyperbel ist eine ebene Kurve, die durch die beiden Brennpunkte F_1 und F_2 und die Gerade $2a$ bestimmt ist. Die Hyperbel besteht aus zwei getrennten, sich ins Unendliche erstreckenden Ästen. Die durch den Punkt O gehenden Asymptoten g_1 und g_2 sind zwei gerade Linien, die der Hyperbel immer näher kommen, ohne sie jemals zu erreichen. Für jeden Punkt der Hyperbel ist die Differenz der Entfernungen von den beiden Brennpunkten gleich $2a$.

$$P_1F_1 - P_1F_2 = P_2F_2 - P_2F_1 = 2a$$

1. **Konstruktion, gegeben F_1, F_2, $2a$.**

a) In A_1 und A_2 die Senkrechten errichten und um Punkt O mit Radius F_1O Kreis zeichnen. Die Verbindung der schräg gegenüberliegenden Schnittpunkte ergibt die Asymptoten g_1 und g_2.

b) Punkt X beliebig festlegen. Nacheinander mit Radius A_1X und A_2X um F_1 und F_2 Kreisbögen zeichnen. Die Schnittpunkte der Kreisbögen P_1, P_2, P_3 und P_4 sind Punkte der Hyperbel.

c) Die Punkte A_1 und A_2 sind durch die Strecke $2a$ bestimmt.

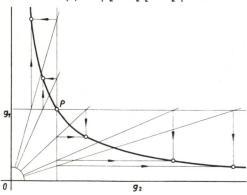

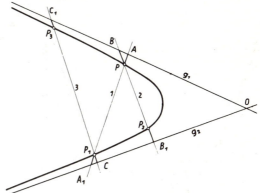

2. **Konstruktion (Punktkonstruktion), gegeben g_1 und g_2, Punkt P.**

a) Durch P zu g_1 und g_2 die Parallelen zeichnen.
b) Von O aus Strahlen zeichnen, die beide Parallelen schneiden.
c) Durch die Schnittpunkte der Strahlen mit den Parallelen wiederum die Parallelen zu g_1 und g_2 zeichnen.
d) Der Schnittpunkt der senkrechten und waagerechten Parallele eines Strahls ist ein Punkt der Hyperbel.

3. **Konstruktion (Sekantenkonstruktion), gegeben g_1 und g_2, Punkt P.**

a) Die Sekantenkonstruktion beruht darauf, daß die Sekantenabschnitte zwischen Kurve und Asymptote gleich sind:
$PA = P_1A_1$, $PB = P_2B_1$, $P_1C = P_3C_1$ usw.

b) Durch Punkt P beliebigen Strahl 1 zeichnen; Schnittpunkte A und A_1 auf den Asymptoten.

c) Von A_1 aus auf Strahl 1 Sekantenabschnitt PA abtragen; der Punkt P_1 ist ein Punkt der Hyperbel.

d) In gleicher Weise werden die Punkte P_2 und P_3 ermittelt.

Aufgabe: Zeichne nach der 1. Konstruktion eine Hyperbel für $F_1F_2 = 6$ cm und $2a = 4,5$ cm!

4.3 Die schiefe Parallelprojektion

Bei der schiefen Parallelprojektion (axonometrische Projektion, Parallelperspektive) schließen die Projektionslinien einen schiefen Winkel mit der Bildebene ein. Parallele Linien erscheinen wie bei der rechtwinkligen Parallelprojektion (S. 7 — 10) stets wieder parallel. Die schiefe Parallelprojektion dient zur Anfertigung perspektivischer (d. h. deutlich erkennbarer) Zeichnungen, die einen Körper als räumliches Gebilde zeigen.

1. Dimetrische Projektionen

Bei einer dimetrischen (di = zwei) Projektion verwendet man für die vorne liegenden und in die Tiefe verlaufenden Kanten des Körpers **zwei** Maßstäbe.

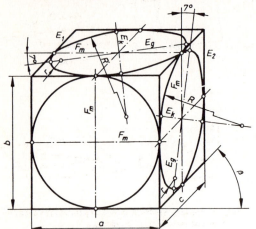

Bild 1. Darstellung eines Würfels mit Kreisen in drei Ansichten

Seitenverhältnis $a:b:c = 1:1:^1/_2$, $\beta = 45°$
Flächenmittellinie F_m = Kantenlänge a
Achsenverhältnis bei Ellipse E_1 und $E_2 \approx 1:3,2$
Ellipse E_1 ... große Achse um $\approx 7°$ geneigt
Ellipse E_2 ... große Achse rechtwinklig zu 7°
Große Ellipsenachse $E_g \approx 1,07 \cdot a$
Kleine Ellipsenachse $E_k \approx E_g : 3,2$
Ellipsenradien ... $R \approx 1,5\, a$, $r \approx R : 20$

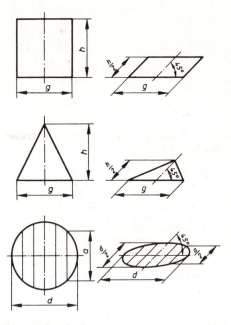

Bild 2. Rechteck, Dreieck und Kreis in und rechtwinklig zur Bildebene

a) Bei der sogenannten Kavalierperspektive (Bild 1) bleiben alle in der Bildebene liegenden senkrechten Kanten senkrecht und alle waagerechten Kanten waagerecht und ungekürzt. Die in die Tiefe verlaufenden Kanten bilden mit der Waagerechten einen Winkel von 45° und werden um die Hälfte gekürzt. In der Bildebene liegende Kreise bleiben Kreise, rechtwinklig zur Bildebene liegende Kreise werden zu Ellipsen (E_1 und E_2). Diese werden der Einfachheit halber mit Kreisbogen gezeichnet. Die Maße zum Zeichnen der Ellipsen werden mit den unter Bild 1 genannten Gleichungen berechnet. Bild 2 zeigt, wie rechtwinklig zur Bildebene liegende Flächen gezeichnet werden.

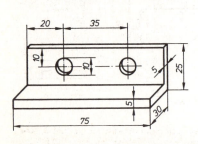

Bild 3. Beispiel für die Maßeintragung

Aufgabe
Fertige von dem Werkstück in Bild 4 eine perspektivische Zeichnung nach Bild 1 im Maßstab 1 : 1 an und trage die Maße ein!

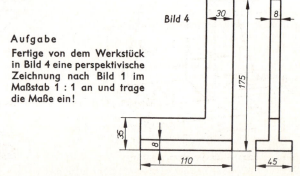

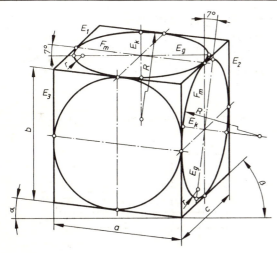

Bild 5. Darstellung eines Würfels mit Kreisen in drei Ansichten

Seitenverhältnis $a : b : c = 1 : 1 : 1/2$
$\alpha = 7°$ $\qquad \beta = 42°$
Flächenmittellinie F_m = Kantenlänge a
Achsenverhältnis bei E_1 und $E_2 \approx 1 : 3$
Achsenverhältnis bei Ellipse $E_3 \approx 1 : 1$
Ellipse E_1 ... große Achse waagerecht
Ellipse E_2 ... große Achse rechtwinklig zu 7°
Große Ellipsenachse $E_g \approx 1{,}06 \cdot a$
Kleine Ellipsenachse $E_k \approx E_g : 3$
Ellipsenradien ... $R \approx 1{,}5 \cdot a$, $r \approx R : 20$

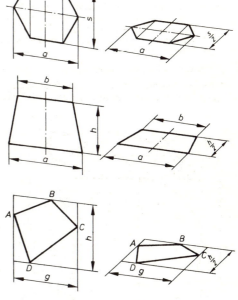

Bild 6. Trapez, Sechseck und unregelmäßiges Vieleck in und rechtwinklig zur Bildebene

b) Bei der in Bild 5 angewandten Darstellung ist der Würfel um 20° nach rechts gedreht und um die vordere untere Ecke um 20° nach vorne gekippt. Die senkrechten Kanten bleiben senkrecht; die waagerechten Kanten bilden mit der Waagerechten einen Winkel von 7°; die in die Tiefe verlaufenden Kanten bilden mit der Waagerechten einen Winkel von 42°. Alle Kreise werden zu Ellipsen (E_1—E_2—E_3), jedoch wird die Ellipse E_3 der Einfachheit halber als Kreis gezeichnet.

Die dimetrische Projektion wird angewandt für Darstellungen, bei denen in der Hauptansicht Wesentliches gezeigt werden soll.

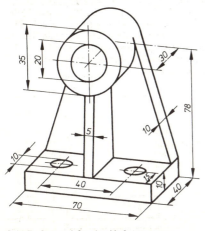

Bild 7. Beispiel für die Maßeintragung

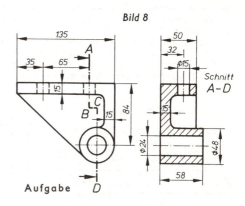

Fertige von dem Werkstück in Bild 8 eine perspektivische Zeichnung nach Bild 5 im Maßstab 1 : 1 an und trage die Maße ein!

2. Isometrische Projektion

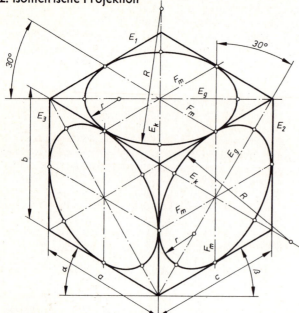

Bild 9. Darstellung eines Würfels mit Kreisen in drei Ansichten

Seitenverhältnis $a : b : c = 1 : 1 : 1$
$\alpha = 30°$ $\beta = 30°$
Flächenmittellinie F_m = Kantenlänge a
Verhältnis der Ellipsenachsen $\approx 1 : 1,7$
Ellipse E_1 ... große Achse waagerecht
Ellipse E_2 und E_3 ... große Achse rechtwinklig zu 30°
Große Ellipsenachse $E_g \approx 1,2 \cdot a$
Kleine Ellipsenachse $E_k \approx E_g : 1,7$
Ellipsenradien ... $R \approx 1,04 \cdot a$, $r \approx R : 3,8$

Bei der isometrischen (iso = gleich) Projektion werden alle Abmessungen in dem **gleichen** Maßstab gezeichnet. Der Würfel in Bild 9 ist um die vordere untere Ecke um 35° nach vorne gekippt. Alle senkrechten Kanten bleiben senkrecht. Die in die Tiefe verlaufenden Kanten bilden mit der Waagerechten einen Winkel von 30° und bleiben ungekürzt. Alle Kreise werden zu Ellipsen (E_1—E_2—E_3).

Die isometrische Projektion wird angewandt für Darstellungen, bei denen in allen drei Ansichten Wesentliches klar gezeigt werden soll.

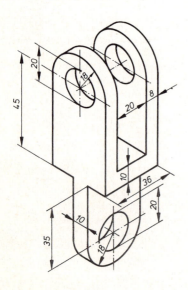

Bild 11

Bild 10. Beispiel für die Maßeintragung

Aufgabe

Fertige von dem Werkstück in Bild 11 eine perspektivische Zeichnung nach Bild 9 im Maßstab 1 : 1 an und trage die Maße ein!